FVA

Gert Loschütz

Das erleuchtete Fenster

Erzählungen

FRANKFURTER VERLAGSANSTALT

1. Auflage 2007

Herstellung und Umschlagsgestaltung:
Laura J Gerlach, Frankfurt am Main
unter Verwendung eines Umschlagentwurfs
von Jonathan Meese.
Satz: Fotosatz Reinhard Amann, Aichstetten
Druck und Bindung: Clausen & Bosse, Leck
Printed in Germany
ISBN: 978-3-627-00145-2

Inhalt

1

Die authentische Frau

Die authentische Frau

Ihr Lieblingswort war Authentizität. Die Dinge mußten authentisch sein, die Dinge selbst, das, was man von ihnen sagte, und darüber hinaus die Art, wie man es sagte. Sie fand, daß Laiendarsteller im Film wie auf der Bühne besser seien, weil sie authentisch wären. Das bringen Schauspieler nicht, sagte sie. Laien seien von dem, was sie spielten, betroffen und vermittelten diese Betroffenheit auch dem Zuschauer. Bei Schauspielern sei alles Handwerk und künstlich.

Sie sprach schnell, stieß die Worte hervor, als fürchtete sie, man könne sie ihr in den Mund zurückstopfen. Einer, der ihr, am Kneipentisch etwa, zuhörte, ohne sie zu kennen, mochte sie, da sie mit rauher, alles übertönender Stimme und in endgültigen Wendungen sprach, denen man die Mühe des Denkens nicht anmerkte, je nach eigenem Befinden für vorlaut oder für unsicher halten. Jedenfalls konnte die Tatsache, daß sie im Gespräch nie zögerte, nie Denkpausen einlegte, sondern im Gegenteil nach kleinstem Stocken mit um so größerer Heftigkeit fortfuhr, vermuten lassen, daß sie beim Reden nicht überlegte, sondern sich an Situationen erinnerte, in denen Ähnliches abgehandelt worden war. Wenn sie lossprudelte, war es, als löste sie sich aus der Gesprächsrunde und schwebte Zentimeter über dem Boden, auf den sie, wenn sie genauso unvermittelt, wie sie begonnen hatte, mitten im Satz abbrach, erhitzt von der Anstrengung des Erinnerns zurückfiel, um neue Kräfte zu schöpfen. Wie ein junger Vogel, der vergeblich versucht, sich von der Erde zu lösen, schwang sie sich auf und plumpste, sobald ihr die Luft oder das Erinnerungsvermögen ausgegangen waren, zurück, um, kaum zu Kräften gekommen, einen neuen Anlauf zu nehmen.

Warum sie diese Anstrengung unternahm, Sätze herauszuschleudern, die sie nicht gedacht, sondern nur im Kopf aufbewahrt hatte, ließ sich bestenfalls ahnen. Die Energie, die sie darauf verwandte, Gehör zu finden, stand in auffälliger Weise im Widerspruch zu dem Lächeln, das, während die Worte aus ihr hervorschossen, nicht aus ihren Augenwinkeln verschwand. Ja, sie lächelte unentwegt und nahm damit dem, was sie sagte, etwas von seiner forcierten Endgültigkeit. Wenn sie so lächelte, mußte es erlaubt sein, Zweifel anzumelden. Aber Einwände, zumal wenn sie mit leiser Stimme und abwägend vorgetragen wurden, drangen nicht bis zu ihr durch.

Etwas in seinem Tonfall, dachte ihr neuer Freund manchmal, mußte ihr unerträglich sein oder sie einschläfern, denn anstatt darauf einzugehen, reizten seine Entgegnungen sie nur dazu, ihre Behauptungen zu wiederholen und mit dem Zusatz zu versehen: Wir denken eben grundverschieden, mir kommt es allein auf die Authentizität an. Erst wenn er sich, was ihm nicht lag, innerlich aufblies, um ebenso schnell und laut herauszupoltern wie sie, gelang es ihm, zu dem Punkt vorzustoßen, an dem sie nachdenklich wurde und ruhig, ohne etwa eingeschüchtert zu sein, die Dinge neu zu betrachten begann. Da er Schauspieler war (wenn auch ohne rechte Überzeugung, die es braucht, um erfolgreich zu sein), gelang es ihm mit Leichtigkeit, sich, wenn er sich Gehör verschaffen wollte, künstlich in Wut zu versetzen und einen Ausbruch herbeizuführen, der an Heftigkeit nichts zu wünschen übrigließ. Da sie ihm keinen dieser letztlich lächerlichen Ausbrüche übelnahm, kam er zu der Überzeugung, daß sie Heftigkeit und laut herausgebrüllte Sätze mit Engagement verwechselte, mit dem es sich zu beschäftigen lohne, wohingegen leise vorgetragene Argumente auf Gleichgültigkeit schließen ließen. Wahrscheinlich meinte sie, daß er in solchen Augenblicken endlich aus seiner Lethargie erwacht sei. Dann lebte er endlich, während er sonst, in sich versunken, dahinvegetierte. Daß etwas lebte, war wichtig. Leben war authentisch, eine Herausforderung, die angenommen sein wollte.

Seit sie von dem Mann, der ihr Vater hätte sein können, verlassen worden war, hatten ihre Hektik und die Angst, am Leben vorbeizugehen, noch zugenommen. Was wäre, wenn das Leben woanders stattfände, an anderen Orten, überall geschah etwas, und wer wußte, ob das, was man vom Leben gerade mitbekam, das wirkliche Leben war? Saßen sie in den bekannten Kneipen, in denen man sich traf, wenn man dazugehörte, irrte ihr Blick durch den Raum, immer auf der Suche nach neuem Erleben. Bekannte, die eintraten, wurden an den Tisch gewinkt und gefragt, was sie in den Tagen, in denen sie einander nicht gesehen hatten, getan und erlebt hätten, ob es Neuigkeiten gäbe, die es sich zu merken oder weiterzuerzählen lohne. Wenn sich nichts ereignet hatte, keine Neuigkeiten kamen, huschte ein resigniertes, aber auch zufriedenes Lächeln über ihr Gesicht; sie nickte, als kenne sie, was berichtet wurde, schon und wandte sich, an der Zigarette ziehend, ab, stieß zwischen zwei unaufmerksamen Blikken auf den noch Berichtenden den Rauch durch die Nasenlöcher und klapperte mit dem Autoschlüssel, der neben dem Weinglas lag, während ihre Augen schon wieder den Raum abzusuchen begannen, nach neuen Informanten, die jederzeit durch die Tür treten konnten. Vielleicht brachten die mit, wonach sie verlangte: Neuigkeiten, Abwechslung, Leben. Das hier konnte es nicht sein.

Sie hatte acht Jahre mit diesem Mann, einem Arzt, zusammengelebt, im neunten hatte er sie geheiratet, im zehnten war er zu einer anderen gezogen, die noch jünger war als sie. Sie telefonierten weiter miteinander, gingen zusammen essen, sie machte seine Steuererklärung, er sei, sagte sie, ihr bester Freund. Er war dem Schauspieler als ein ungemein witziger Mensch geschildert worden, der es verstünde, andere mitzureißen, der aber auch nachdenklich in einer Ecke sitzen könne, sich nicht aufdränge. Einmal, als der Schauspieler diese Anfälle von Kopfschmerzen gehabt hatte – damals kannte er sie noch nicht –, hatten ihm Kollegen, die wie er unter eingebildeten Krankheiten litten, die Adresse des Arztes gegeben. Er sei einer der wenigen, die sich auf Akupunktur verstünden. Jetzt bedauerte er es, daß er seinen Widerwillen, sich in Behandlung zu begeben, nicht überwunden und so die Gelegenheit, ihren Mann kennenzulernen, versäumt hatte.

Sie hatte ihm, so schien es, wenn sie von ihm sprach, die Niederlage, die er ihr zugefügt hatte und die sie als solche empfand, verziehen, auch wenn sie alles, was damit zusammenhing, nicht verstand. Das wollte nicht in ihren Kopf: Sie war so jung im Verhältnis zu ihm, und er mußte sich eine noch Jüngere nehmen. War sie in den zehn Jahren, die sie zusammen gelebt hatten, häßlicher geworden? Sie machte Gymnastik, damit die Bauchmuskeln und die Brüste nicht schlaff wurden, cremte sich nachts das Gesicht mit Penatencreme ein. Sie erzählte das lachend und wußte, daß sie, wenn sie von ihrem beginnenden Verfall sprach, auf Widerspruch stoßen würde, den einzigen, den sie hinnahm. Sie war jetzt vierunddreißig und wünschte sich ein Kind, das sie mit dem Akupunkteur nicht hatte haben können. Zwar hatte er aus vorangegangenen Ehen Kinder und Enkelkinder, die er als die seinen anerkannte, aber das waren, da er unfruchtbar war, immer Kinder der Frauen gewesen. Obwohl es also nicht seine Kinder, nicht seine Enkelkinder waren, sprach sie, wenn die Rede darauf kam, von *ihren* Stiefkindern, von *ihren* Enkelkindern. So sehr hatte sie sich mit der Zeit seine Sicht, seine Sprachgewohnheiten zu eigen gemacht. Sie benutzte auch seinen Namen, obwohl sie ihn, als er sich von ihr trennte, nur kurze Zeit getragen hatte, und wünschte sich, daß das Kind, das sie haben wollte, ebenfalls diesen Namen trüge. Sie schaute sich die Männer, die ihr begegneten und die sie als mögliche Väter in Betracht zog, genau an, ob sie des Namens, den das Kind erhalten sollte, auch würdig wären. Es gebe, sagte sie, in ihrer Generation so wenig bemerkenswerte Männer.

Natürlich war sie oft krank; nichts Ernsthaftes, nur diese ständige Mattigkeit und die Erkältungen, die nicht abklingen wollten. Sie legte sich, weil sie sich zerschlagen fühlte, nachmittags ins Bett, nahm eine Valium und schlief, bis sie vom Telefon geweckt wurde oder die Katze zu ihr aufs Bett sprang. Die sauberste Katze der Welt, nirgends in der Wohnung roch es nach Katze. Die weißen Flecken ihres Fells unterschieden sich in nichts vom Weiß des Bettzeugs, das vor Sauberkeit glänzte. Die Augen der Katze blickten offen und sanft. Sie liebte die Katze und sprach mit ihr wie zu einem Menschen. Wenn Gäste kamen, geschah es, daß sie die Katze in ihre Arme schloß, an ihre Wange drückte und sich, zärtlich auf die Katze einredend, hin- und herwiegte, ohne den Besucher dabei aus den Augen zu lassen. So gelang es ihr, der Zärtlichkeit, zu der sie fähig war, nach der sie sich sehnte, und dem Abstand, der sie vom Besucher trennte, gleichzeitig Ausdruck zu verleihen, denn während sie liebevoll mit der Katze beschäftigt war, verlor der Blick, mit dem sie im Gesicht des Besuchers forschte, nichts von jener aufgesetzten, fast verzweifelten Ironie, von der, wie sie meinte, seit dem Weggang des Arztes ihr Verhältnis zu anderen Menschen bestimmt sein müsse. Nachdem sich die Katze, die sich gegen die Umklammerung wehrte, freigekämpft und, verstört von soviel Zudringlichkeit, in eine Ecke zurückgezogen hatte, um sich zu putzen, klatschte die Frau in die Hände und rief, als habe sie die Katze absichtlich beleidigt: Sie haßt das, schauen Sie nur!

Auf einem Regal stand, an eine Reihe Kriminalromane gelehnt, ein großes Porträtfoto ihres Mannes. Die ganze Zeit, auch wenn das Licht gelöscht war, starrte sein Gesicht mit runden naiven Augen zum Bett herüber, auf dem der Schauspieler und die Frau, während die Katze am Fensterglas kratzte, vergeblich versuchten, sich näherzukommen; am Morgen hängte die Frau ein weißes T-Shirt, auf das der Name ihres Mannes gedruckt war, wie eine Fahne über die Lehne eines Stuhls. Während sie im weißen Bademantel, vor sich hinpfeifend, in der Küche den Kaffeeautomaten bediente, Domäne-Eier kochte und Yoghurtbecher auf ein Tablett stellte, versuchte der Schauspieler, die Katze, die jetzt reglos in der Tür hockte, anzulocken. Er sah, wie ihre Augen den Bewegungen seiner Hände folgten, aber sie rührte sich nicht von der Stelle.

Wenn sie es recht bedachte, wußte die Frau, da sie sich seit Jahren in der Analyse befand, daß sie überhaupt nicht krank war. Die Mattigkeit, die Herzschmerzen wie der gelegentliche Druck in der Lebergegend – das war alles Einbildung. Es gab nichts, das ihr Kranksein gerechtfertigt hätte. Anhaltspunkte für organische Leiden hatten sich in zahlreichen Untersuchungen, durchgeführt von Freunden ihres Mannes, der kein Diagnostiker, sondern Therapeut war, nicht finden lassen. Sie war stolz auf ihre Gesundheit, auf ihren festen Körper. Seit einem Jahr spielte sie Tennis.

Da sie jahrelang aus Furcht, in einer Ansammlung von Menschen, auf der Straße, im Kaufhaus, überhaupt auf öffentlichen Plätzen, ohnmächtig zu werden oder hilflos, mit fliegendem Puls und schweißkalten Händen den neugierigen, mitleidigen Blicken der um sie versammelten, auf den mit eingeschalteter Sirene heranbrausenden Notarztwagen wartenden Menge ausgeliefert zu sein, kaum aus dem Haus gegangen war, sondern in ihrem Zimmer, das im Dämmerlicht der heruntergelassenen Rouleaus Schutz bot, zurückgezogen gelebt hatte, empfand sie den jetzigen Zustand als Befreiung und glaubte mit der Gewißheit einer aus der größten Not Erlösten, daß auch die verbliebenen Ängste, die ihr gelegentlich wie um die Brust gelegte Schlingen den Atem wegschnürten, mit der Zeit von ihr abfallen würden.

Auf die Frage, wann diese Angstgefühle zum ersten Mal so stark aufgetreten seien, daß sie sich in ihren Lebensäußerungen eingeschränkt gefühlt habe, antwortete sie hastig, als wolle sie es hinter sich bringen: Damals, im zweiten Jahr, als ich mit meinem späteren Mann zusammenlebte. Durch ihn sei ihr erst klargeworden, fügte sie, immer noch hastig, hinzu, wieviel an ihr kaputt sei. Ohne ihn würde sie noch heute glauben, mit ihr sei alles in Ordnung, wohingegen doch offensichtlich nichts in Ordnung gewesen sei. Zur Analyse habe sie sich entschlossen, nachdem seine Therapieversuche erfolglos geblieben seien. Er habe sie in ihrem Entschluß zur Analyse bestärkt, obwohl es ihn doch, meinte sie, gekränkt haben müsse, daß seine allgemein anerkannten Heilkünste ausgerechnet bei ihr versagt hätten. Damals habe sie oft daran gedacht, sich umzubringen, es sei ja ein Leichtes für sie gewesen, an

Tabletten heranzukommen. Sie habe so viele gehortet, daß sie damit eine ganze Stadt hätte einschläfern können. Aber jetzt sei sie, endlich wieder, voller Zutrauen zu sich selbst. Daß sie im Kino oder im Theater nur außen sitzen könne, in der Nähe der Tür, hinter der sie die Straße wisse, Luft zum Atmen, Bäume, unter denen sie spazierengehen könne, um in aller Ruhe abzuwarten, bis das Herz wieder gleichmäßig schlage, beunruhige sie nach dem Leidensweg, den sie zurückgelegt habe, nicht mehr. Es habe sich, was ihre Ängste angehe, so vieles zum Guten gewendet, daß sie, jetzt mal ohne Ironie, voller Vertrauen in die Zukunft schaue. Sicher, früher, als sie sich der in ihr verborgenen Ängste noch nicht bewußt gewesen sei, habe sie sich, ohne darüber nachzudenken, mitten hineinsetzen können in eine Sitzreihe, habe sie es ausgehalten, eingekeilt zwischen Leuten zu sein, die ihr fremd waren, ohne mit Schweißausbrüchen, die das mindeste seien, wenn nicht mit einem Kollaps rechnen zu müssen. Aber damals sei sie auch nicht mit sich identisch gewesen, während sie es heute doch in einem hohen Grade sei. Sie habe ein anderes Gefühl für das Leben bekommen, darum lege sie auch so großen Wert auf das, was sie authentisch nenne. Sie habe durchaus Verständnis dafür, daß er als Schauspieler ihr, wenn sie diesen Begriff verwende, nicht folgen könne. Das sei eine Qualität, die er nicht erfahren habe, und sie wolle ihm daraus keinen Vorwurf machen, wenngleich die Maßstäbe, die sie an die Dinge legten, derart voneinander verschieden seien, daß ein gegenseitiges Verstehen, wie es ihr vorschwebe, so gut wie ausgeschlossen sei, was aber nicht heiße, daß er sich jetzt von ihr zurückziehen solle, usf.

Als er sie bat, ein Wochenende, an dem er nicht zu spielen brauchte, mit ihm zu verreisen, gab sie hinhaltende

Antworten. Sie wisse nicht, wo sie die Katze lassen solle, ihr Mann, der Akupunkteur, brauche sie bei einer Notariatsgeschichte, außerdem fahre sie ungern längere Strekken mit dem Auto. Als er vorschlug, zu fliegen oder mit dem Zug zu verreisen, sagte sie, das sei völlig unmöglich, denn das Auto sei für sie ein sicherer Ort; sie müsse das Gefühl haben, sich notfalls dahin zurückziehen zu können. Er möge bedenken, wie kurz es her sei, daß sie sich wieder unter Menschen wage. Im übrigen sei sie eine schlechte, weil ängstliche Reisebegleiterin. Anfangs hatte er einen weit entfernten Ort als Reiseziel genannt, den sie unter Hinweis auf ihre Ängste leicht hatte ablehnen können. Als er vorschlug, in ein Haus zu fahren, das nur wenige Stunden von der Stadt entfernt lag, stimmte sie unter der Bedingung, daß sie mit ihrem Auto führen, zu.

Sie saß, während sie an der Grenze auf die Abfertigung warteten, mit angestrengtem Gesicht neben ihm und mahlte, den Unterkiefer vorgeschoben, mit den Zähnen. Auf der Fahrt über die Autobahn stieß sie, wenn sie an einer Baustelle das Tempo drosseln mußte, hörbar die Luft durch die Nase, so ungeduldig war sie. Er bat sie, beim Intershop zu halten; sie lenkte das Auto auf den Parkplatz und blieb, während er in das Gebäude ging, im Auto sitzen. Als er zurückkam, sah sie ihm, den Arm auf die Lehne des Beifahrersitzes gelegt, entgegen und drehte, als er nur noch wenige Meter von ihr entfernt war, den Kopf in eine andere Richtung. Erst als er neben ihr saß, Zigaretten und Cognac auf den Rücksitz legte, wandte sie sich ihm wieder zu. Ohne ein Wort zu sagen, ließ sie den Motor an und fuhr zurück auf die Autobahn. Sie atmete tief und gequält, wie um zu zeigen, daß sie es schon jetzt bereue, sich auf diese Reise eingelassen zu haben, schob einen Kaugummi nach dem anderen in den Mund und starrte, anscheinend ganz vom Geschäft des Fahrens beansprucht, auf die Straße.

Nachdem sie auch die zweite Grenze passiert hatten, schien ihre Anspannung endlich nachzulassen. Im ersten Rasthaus hinter der Grenze wollte sie, wie sie es immer tue, einen Kaffee trinken. Wie um sich zu entschuldigen, sagte sie, als er den Plastikbecher mit der braunen Brühe vor ihr abstellte, sie hasse Grenzen, diese besonders. Sie sagte es leise und schaute, den Kopf in die Hand gestützt, an ihm vorbei hinaus auf die Autobahn. Dabei fiel ihm ein dünner silberner Ring mit einem winzigen schwarzen Stein auf, den er zuvor nicht an ihr gesehen hatte. Ja, der Ring sei neu, sagte sie, als er danach fragte, plötzlich hellwach, ein Geschenk. Daß er nicht weiter nach der Herkunft des Rings forschte, schien sie zu verärgern, aber sie war auch nicht bereit, von sich aus mehr zu sagen. Sie wollte, daß er es aus ihr herausfrage. Aber er nickte nur, und so schluckte sie die Antwort, die sie, wie er wußte, bereithielt, hinunter und lächelte, die Augen auf die Tischplatte gesenkt, als erinnere sie sich, während die ausgestreckte Hand mit dem Autoschlüssel spielte, einer anderen Zeit, an welche die gegenwärtige nicht heranreichte. Den Rest der Fahrt über war sie einsilbig und mißmutig. Sie bogen von der Autobahn ab, und sie ließ sich von ihm durch die Dörfer dirigieren, widerspruchslos, als habe sie sich in etwas Unentrinnbares gefügt.

Das Haus am Ende des Dorfes wurde nur während der Ferien bewohnt. Während er den Schlüssel holte, der bei einem Nachbarn hinterlegt war, stand sie frierend, von einem Bein aufs andere tretend, neben dem Auto. Er trug die Taschen ins Haus. Sie lief mit verschränkten Armen durch den Wohnraum, der einmal die Tenne gewesen war, betrachtete die Drucke, die an den Wänden hingen. Als er aus dem Heizungskeller kam, sah er, wie sie sich vorbeugte, um die unleserlichen Signaturen der Drucke zu entziffern. Sie bemerkte ihn, trat ein paar Schritte zurück und lächelte ihm zu. Er ging in die Küche, stellte Wasser auf für den Tee und kam mit dem Tablett zurück. Sie stand, ihm den Rücken zukehrend, vor einem Fenster und schaute in den Garten. Obwohl sie sagte, daß ihr das Haus gefalle, ging ein Unbehagen von ihr aus, das den großen Raum klein machte. Mit einer hastigen Bewegung wischte sie sich über die Augen und setzte sich an den Tisch, ihm gegenüber. Es war Nachmittag. Wahrscheinlich, dachte er, während er den Tee eingoß, sehnt sie sich nach ihrem Zimmer, in dem das Tageslicht, stets gedämpft von den heruntergelassenen Rouleaus, gelbe Schatten wirft, nach dem großen weißbezogenen Bett, der Gelassenheit der Katze, die lautlos und sanft durch die Wohnung streift. Wie sie so dasaß und mit abwesendem Blick den Süßstoff aus der Tasche kramte, schien es ihm, daß sie auf etwas warte, von dem sie vergessen hatte, was es war. Aber auch ihm kam es plötzlich vor, als sei etwas verlorengegangen. Was hatte er sich davon versprochen, als er sie bat, mit ihm hierherzufahren?

Der Nachbar, von dem er den Schlüssel geholt habe – so erzählte er ihr, um sie mit den Geschichten, die im Dorf umliefen, vertraut zu machen –, sei Zimmermann und werde wegen seines handwerklichen Geschicks geschätzt. Darüber hinaus aber werde er, da er kein Einheimischer sei und keinen Besitz, weder Haus noch Acker, und damit in Angelegenheiten des Dorfs auch kein Stimmrecht habe, nicht ernst genommen. Das Haus, in dem er wohne, gehöre nämlich nicht ihm, sondern einem Tischler, für den er, seit es ihn nach Kriegsende hierher verschlagen habe, für ein Taschengeld, für Kost und Unterkunft arbeite. Obwohl er also nach Strich und Faden ausgenutzt werde, sei er nie auf die Idee gekommen, woanders hinzugehen, weil er die Tochter des Tischlers geliebt habe und es für ihn, bis zu ihrem Tod, ausgemachte Sache gewesen sei, daß sie heiraten. Noch heute spreche er von ihr als von seiner Verlobten, und der Tischler sei für ihn der *Vater.* Daß die Tochter des Tischlers jemals daran gedacht habe, ihn zu heiraten, sei im übrigen äußerst zweifelhaft, da Herbert, so sein Name, infolge einer Kriegsverletzung impotent sei. Damit sei nicht bloß gemeint, daß er keine Kinder zeugen könne, sondern daß ihm eine Mine das Geschlechtsteil abgerissen habe. Im Gasthaus schließe er sich, anstatt wie die anderen das Pissoir zu benutzen, in der Kabine ein. Es gebe viele im Dorf, die meinten, der Tischler habe seine Tochter auf den Zimmermann angesetzt, um ihn als billige Arbeitskraft zu halten, als Schwiegersohn aber hätte er ihn niemals akzeptiert. Hier im Dorf, in dem ein Mann, der keine männlichen Nachkommen zeuge, als schwächlich gelte, werde Impotenz oder gar die Zerstörung der Geschlechtsorgane als etwas angesehen, das schändlicher sei als Kriminalität. So sei der Tod der Verlobten vermutlich ein Glück für ihn gewesen, da er ihm erlaubt habe, in der Illusion weiterzuleben, *dennoch* geliebt worden zu sein; um seiner selbst willen, was immer das sei.

Später gingen sie über die Wiesen, die hinter dem Dorf anfingen. Sie drehte sich immer wieder um, und zuerst dachte er, sie wolle sich das Haus einprägen, das, von den blühenden Bäumen und Büschen schon halb verdeckt, unter dem hohen Himmel geduckt dalag. Dann sagte sie: Wir sollten nicht zu weit vom Auto weggehen. Da wußte er, daß sie sich nach dem Wagen umgesehen hatte und mit jedem Schritt, den sie sich von ihm entfernten, ängstlicher wurde. Der Gedanke, daß jemand so weit fahren konnte, um sich dann an seinem Auto festzuhalten, kam ihm komisch vor, und er mußte lachen. Ohne sich um sie zu kümmern, ging er weiter, und sie folgte ihm langsam, als versuche sie, ihn zurückzuhalten, ohne ihn zu berühren, allein durch ihren Willen. Am Waldrand drehte sie sich ein letztes Mal um und nahm, wie es schien, Abschied von dem, was ihr Sicherheit bedeutet hatte.

Im letzten Sommer, erzählte er, habe er auf dem Weg, den sie gerade gingen, einen Fuchs sitzen sehen, der sich, auch als er näher kam, nicht von der Stelle gerührt habe. Plötzlich sei ihm eingefallen, das Tier müsse tollwütig sein. Füchse bekäme man als Spaziergänger überhaupt nur zu Gesicht, wenn sie tollwütig seien, nur dann hätten sie keine Furcht vor Menschen. Er erzählte die Geschichte, weil sie ihm gerade in den Kopf kam, ohne Absicht, merkte aber, während er redete, daß sie nicht dazu beitragen konnte, ihr den Aufenthalt in dieser Gegend wünschenswert erscheinen zu lassen. Ein anderes Mal, fuhr er fort, habe er vom Haus aus zwei Jäger beobachtet, die mit Hunden, die an langen Leinen liefen, die Wiese abgesucht hätten. Sozusagen in Stellvertretung des Hauseigentümers empört, habe er die beiden vom Grundstück weisen wollen, dann aber, noch bevor er sie anfahren konnte, im kniehohen Gras ein Reh entdeckt, das, im Angesicht der Jäger, versuchte, auf die Beine zu kommen; es sei jedoch immer wieder in den Hinterläufen eingeknickt und schließlich liegengeblieben. Nur im Kopf des Tieres habe der Widerstand, wenn man es so nennen wolle, noch funktioniert; immer wieder habe es den schönen Kopf steil aufgerichtet und ihn dann mit großer Heftigkeit auf den Boden geschlagen, wobei ein knirschendes Geräusch entstanden sei, das er mit keinem ihm bekannten Geräusch vergleichen könne. Es habe auf ihn den Eindruck gemacht, als wolle sich das Tier, dessen Gelenke von einer Falle zerschmettert waren, im letzten Augenblick noch, indem es sich selbst den Schädel zertrümmerte, den Jägern entziehen.

Als er ihr verschlossenes Gesicht bemerkte, setzte er hinzu: Das ist übrigens authentisch! Er meine damit: verbürgt, nicht erfunden, nachprüfbar, also, ihrer Wertskala entsprechend, wahr. Im Haus müsse noch ein Huf des Tieres liegen, der ihm von den Jägern, nachdem sie es aus nächster Nähe erschossen hätten, auf seinen Wunsch hin überlassen worden sei.

Inzwischen waren sie aus dem Wald heraus und gingen an einer Koppel vorbei, auf der Pferde standen. Die Pferde kamen herangetrabt, liefen bis ans Ende der Koppel neben ihnen her und galoppierten dann, sich gegenseitig jagend, den Weg zurück. Sie stiegen den Deich hoch, und vor ihnen lag die Elbe, deren Geruch schon eine Weile in der Luft gehangen hatte. Die Grenze, der Metallzaun auf der anderen Seite, war hinter den Bäumen, die in den letzten Wochen Laub zugelegt hatten, kaum noch zu erkennen. Er zog sie den Deich hinab und zwang sie, indem er den Arm um sie legte, mit ihm über den vor Nässe grauen Ufersand zu stapfen. Da sie sich geweigert hatte, Gummistiefel, die sie im Haus vorgefunden hatten, anzuziehen, war abzusehen, wann ihre Stadtstiefel, deren Eleganz in dieser Umgebung fehl am Platz wirkte, durchgeweicht sein würden. Wie Paniermehl klebte an seinen schwarzen Gummi- und ihren gelben Lederstiefeln, die sich rasch bis zu den Knöchelausbuchtungen verfärbten, der Sand. Sie kletterten über Steine, die in den Fluß geschichtet waren und an denen sich die Strömung, die an dieser Stelle schwach war, brach. Das Wasser schwappte gegen die Steine und hinterließ, wenn es zurücklief, dunkle Ränder.

Am Abend saßen sie im Schneidersitz vor dem Kamin und starrten in das Feuer wie in einen Fernsehapparat. An die Seitenwand des Kamins war die Axt gelehnt, mit der er das grob zugeschnittene Holz, das im Garten gestapelt war, gespalten hatte. Sie wollte Ulla anrufen, ihre Freundin, die übers Wochenende die Katze versorgte, erreichte sie aber nicht. Durch Ulla, mit der er eines seiner nur kurze Zeit währenden Bettverhältnisse gehabt hatte, waren sie miteinander bekannt gemacht worden. Da sie sagte, sie wolle ihren Mann anrufen, trat er hinaus in den Hof. Während er in der Dunkelheit auf- und abging, kam es ihm vor, als sei er zwischen zwei Spielszenen hinter die Kulissen getreten.

Als er sich, später im Bett, auf sie wälzte, wand sie sich unter ihm hervor und nahm die Decke zwischen die Beine. In der Nacht wachte er auf, weil das Licht brannte. Sie saß aufrecht im Bett und rauchte. Sie merkte, daß er wach war, langte zu ihm herüber und streichelte ihn mit gekrümmten Fingern, wie sie ihre Katze zu streicheln pflegte. Plötzlich, als habe sie sich erschreckt, zog sie die Hand weg und fragte: Was ist das für ein Geräusch? Er hob den Kopf. Über ihnen, im Hohlraum zwischen Decke und Isolierplatten, liefen die Iltisse. Er kannte das. Es klang, als rollten Murmeln über den Boden. Ratten, sagte er. Er stand auf und öffnete das Fenster. Der Mond schien über der anderen Seite des Daches, so daß er ihn nicht sehen konnte, aber die Wolken hatten helle, fast weiße Ränder, und die Birnbäume vor dem Fenster warfen dünne Schatten. Nachdem er sich wieder hingelegt hatte, sagte sie, vielleicht aus Furcht, er könne einfach weiterschlafen: Ich muß dir etwas sagen. Eigentlich, sagte sie, sei Ulla daran schuld, wenn sie hier zusammengesperrt wären. Da sie bei anderen Männern als dem Akupunkteur nichts empfinde, hätte ihr die Freundin geraten, es mit ihm zu versuchen. Sie habe ihn als äußerst altruistisch empfohlen, wenn er wisse, was sie meine. Sie sprach schnell, ohne ihn anzuschauen, lächelte dabei wie in den Kneipen, wenn ihr einer etwas erzählte, was sie schon kannte. Da er nichts erwiderte, sagte sie, er solle aufhören, sie zu belauern, und da er umgekehrt das Gefühl hatte, sie belauere ihn, mußte er wieder lachen, worauf sie aus dem Bett sprang, ihre Handtasche vom Stuhl riß und ins Bad lief. Er knipste die Lampe auf seiner Bettseite aus und hörte, wie sie nebenan Wasser in ein Glas laufen ließ.

Am Morgen, sie saßen gerade beim Frühstück, klopfte es an die Tür, und Herbert trat, ohne eine Aufforderung abzuwarten, ein. Da er den Umbau des Hauses geleitet hatte, erhob er wie selbstverständlich Anspruch darauf, es jederzeit, auch unangemeldet, betreten zu können. Nur er wußte, wieviel Mühe es bereitet hatte, das Bauernhaus, ohne es in seiner Substanz zu zerstören, für die neuen Bewohner herzurichten. Es war für ihn kein Ding, das man bewohnte, sondern etwas, das er zum Leben erweckt hatte, für den praktischen Nutzen eigentlich zu schade. Er setzte sich, den beiden zunickend, an den Tisch und wartete, bis der Schauspieler eine Flasche Korn aus dem Kühlschrank und drei Gläser holte. Da die Frau nicht mittrinken wollte, entschuldigte er sich, daß er so einfach eingedrungen sei, und prostete ihm, sie nicht weiter beachtend, zu, worauf die Frau von sich aus zur Flasche griff und sich einschenkte. Obwohl der Schauspieler den Eindruck gehabt hatte, sie habe ihm nicht zugehört, als er von Herbert erzählte, glaubte er jetzt zu bemerken, daß sie versuchte, in dem muskulösen sechzigjährigen Mann, der mit ihnen am Tisch saß, den Herbert aus der Geschichte wiederzuerkennen.

Da sie keine Lust hatte, aus dem Haus zu gehen, wanderte er am Nachmittag allein durch die Wiesen. Als er zurückkam, saß sie, in einer Illustrierten vom vergangenen Jahr lesend, vor dem ausgebrannten Kamin und behauptete, sie fühle sich wohl. Auf sein Drängen hin, auch weil sie versäumt hatten einzukaufen, fuhren sie zu einem Gasthaus, das er kannte. In den Wiesen standen Reihen von Bäumen und Büschen, die das flache Land einteilten und übersichtlich machten. Am Vormittag hatte die Sonne geschienen, aber jetzt hingen die Wolken tief, und das Licht war, wie in einem geschlossenen Raum, gedämpft und rücksichtsvoll. Die Farben, selbst die unentschiedenen, denen Grau beigemengt war, leuchteten aus sich heraus. Das Gasthaus stand in einem Elbknick auf dem Deich. Sie waren die einzigen Gäste. Er wartete darauf, daß sie, da die Gelegenheit günstig war, wiederholte, was sie in der Nacht gesagt hatte, daß sie es ausweitete und zum Vorwurf bündelte, gegen ihn oder gegen Ulla, aber sie sah an ihm vorbei auf den Fluß, über dem es zu dämmern begann, und trommelte, bis die Bedienung kam, mit den Fingern auf den Tisch. Er nahm ein Fernglas, das auf dem Fensterbrett stand, und blickte hinüber zur anderen Seite des Flusses, auf reetgedeckte Häuser, die still hinter dem Drahtzaun lagen.

In der Nacht, als sie mit dem Mund seinen Körper absuchte, entdeckte sie auf der Eichel kleine rote Bläschen, die wie Ausschlag aussahen. Er sagte, das käme von einem Haar, das unter die Vorhaut geraten sei und die Haut gereizt habe. Sie ließ von ihm ab und lief, um sich den Mund auszuspülen, ins Bad. Bevor sie zurückkam, zog er sich an, ging ins Gasthaus und spielte mit Herbert, dem Wirt und dem Sohn des Wirtes, einem zwanzigjährigen Jungen, dessen Gesicht von Narben entstellt war, Skat. Deine Freundin, sagte Herbert, als er sich zu ihnen setzte, hat mir gut gefallen. Er fürchte nur, sie habe einen schlechten Eindruck von ihm bekommen, weil er am Morgen einfach so hereingeplatzt sei, er wolle sich bei ihr entschuldigen. Herbert war schon betrunken, und als er ging, spielten sie zu dritt weiter. Da er wußte, daß der Wirt und sein Sohn sich darauf verstanden, Gäste auszunehmen, zumal solche, die aus der Stadt kamen, wunderte er sich nicht darüber, daß er Runde um Runde verlor. Einmal glaubte er, durch die Musik der Box, die die ganze Zeit lief und für die er, da er verlor, zahlen mußte, Sirenen zu hören. Als der Wirt hinter ihm die Tür abschloß, war die Straßenbeleuchtung längst ausgeschaltet, und er ging, mit vom Schnaps brennendem Gesicht, die Straße hinunter. In allen Häusern, an denen er vorbeikam, war es dunkel. Er hatte Zeit, angenehm spürte er die Nachtkühle auf der Haut, in seinen Ohren summte das Blut. Für einen Augenblick schien es ihm, er sei der einzige Mensch auf der Welt, und er streckte sich innerlich. An der Kreuzung mit dem grauen Feldstein, in den die Namen der Weltkriegstoten des Dorfes gemeißelt waren, bog er links ab. Er ging durch das niedrige Gras neben der Asphaltstraße, blickte auf und sah, daß im Haus am Dorfausgang alle Fenster erleuchtet waren. Da fiel ihm die Frau wieder ein, die er zurückgelassen hatte, und er begann zu laufen.

Mit kreisendem Blaulicht stand ein Polizeiauto, grün und weiß, mitten im Hof, und ein wenig abseits, halb verborgen vom Stapel des Kaminholzes, entdeckte er, als er den Hof durchquerte, einen Krankenwagen. Er ging jetzt wieder langsam, er war außer Atem, sein Herz schlug heftig, und er sagte sich, daß er langsam gehen könne, weil er die schlimme Nachricht noch früh genug empfangen würde. Er würde Ulla anrufen und sie bitten, den Akupunkteur zu verständigen. So klar war ihm alles, daß er sich vorstellte, wie er später, wenn alles vorbei wäre, den Akupunkteur bitten würde, ihm die Katze zu überlassen, damit er für sie sorgen könne. Das Blaulicht huschte an den Stallwänden vorbei, über die Fenster, unter der Dachkante entlang und hinaus in die Unendlichkeit der Wiesen, bevor es sich wieder an den Hofbäumen und Wänden brach. Aus dem Innern des grünweißen Autos, dessen Scheiben heruntergekurbelt waren, drangen Sprachkürzel, das Knacken des Funksprechgeräts und füllten die Stille des Hofs bis unter die Dächer und Baumkronen aus.

Die Tür war angelehnt, er stieß sie auf. Die Frau saß wie am Nachmittag, als er vom Spaziergang zurückgekommen war, vor dem Kamin, während die Axt, mit der er das Holz gespalten hatte, von einem weißen Kreidestrich eingerahmt, mitten im Raum lag, und neben der Tür, aber das merkte er erst, nachdem er eingetreten war, lag, ein Bein abgestreckt, das andere nach außen gewinkelt, aber beide Beine flach, wie auf die Dielen genagelt, der Zimmermann. Ein Arm war unter den massigen Körper gekrümmt, so daß es aussah, als schäme er sich dessen, während der andere Arm breit auf dem Körper ruhte, die Hand, wie schützend, im Schritt. Der Kopf mit der klaffenden Wunde lehnte an der Wand und war ein wenig zur Seite, über die linke Schulter gedreht.

Sie habe ihn für einen Einbrecher gehalten, sagte die Frau am Kamin, die vor Kälte oder ausgestandener Angst zitterte. Nein, nicht für einen Einbrecher, verbesserte sie sich, ohne den Kopf zu heben, sondern für etwas viel Schlimmeres. Er habe mit den Fäusten gegen die Tür gehämmert, und sie habe ihm, wie unter einem Zwang, öffnen müssen. Zuvor aber habe sie die Axt in die Hand genommen. Er sei sofort ins Haus gestürzt, auf sie zu.

Erst meinte er, sie rede zu ihm, aber als er die nickenden Köpfe der Uniformierten sah, die im Hintergrund standen, wußte er, daß sie ihn noch gar nicht bemerkt hatte.

Die Sache mit Roswitha

Roswitha war schon erwachsen, Sören noch lange das Kind, das warm eingepackt auf dem Schlitten saß, den sie durch den Schnee zog, oder auf das sie, wenn die Sommergewitter die Straßen überfluteten, wartete, um es unter den Schirm zu nehmen und an den gurgelnden Gullis vorbei nach Haus zu geleiten.

Ihre Gestalt hatte etwas Zusammengedrängtes, so als habe sie sich gegen Ende der Kindheit entschlossen, nicht mehr in die Höhe, sondern in die Breite zu wachsen, damit ihr in dem niedrigen Landarbeiterhaus, in dem sie mit ihrem Vater wohnte, noch eine Handbreit Luft zwischen Scheitel und Decke blieb. Sie war klein, dabei massig, und doch mußte sie sich bücken, wenn sie durch die Tür auf die Straße trat, so tief war der Querbalken in die mit Lehm beworfene Mauer gesetzt. Sie ging, den runden Kopf, der ihr beim Stehen zwischen die Schultern sank, vorgereckt, den linken Arm an den Leib gepreßt, den rechten weit vor- und zurückschwingend, mit großen Schritten, so daß es stets aussah, als strebe sie einem Ort zu, an dem sie dringend erwartet wurde; es war eine Art zu gehen, die sie den Männern abgeschaut hatte, die frühmorgens, eine abgegriffene Aktentasche unterm Arm, auf der Straße vorbeieilten; es war der Gang der Erwachsenen, deren Weg an einer Werkbank, an einem Bürotisch oder hinter dem Steuer eines Lastwagens endete, wohingegen Roswithas Wege ohne Ziel waren.

Sie ging so des Gehens wegen oder besser: des Eindrucks wegen, den diese Art des Gehens hervorrief. Da sie Zeit hatte, wünschte sie, den Eindruck einer Geschäftigen zu erwecken. Wurde sie aber von Sörens Mutter geschickt, die ihr gelegentlich kleine Aufträge erteilte, verwandelte sich ihr eiliger Schritt in einen trödeligen, da sie jedem, der ihr unterwegs begegnete, den Inhalt ihres Auftrags mitteilte, so daß ihr noch die kürzeste Strecke lang wurde.

Das wenige Geld, das ihr für die Erledigung der Aufträge zugesteckt wurde, trug sie ins Kino, dem ihre ganze Liebe gehörte. Von den abgelegten Kleidern, die Sörens Mutter ihr umnähte, zog sie, unabhängig von Jahreszeit und Wetter, jenes zuerst an, das einem Kleid, das sie im Film gesehen hatte, am ähnlichsten kam. Sie trat grußlos in die Küche und wartete mit ihrem breiten Gesicht neben der Tür, bis Sörens Mutter zu ihr aufblickte. Dann, als sei dies das Zeichen gewesen, erzählte sie den Film nach, den sie zuletzt gesehen hatte. Gab sich Sörens Mutter zerstreut oder zeigte sie durch ein unbedachtes Schulterzucken, daß sie der Erzählung nicht folgen konnte, trat Roswitha heran und legte ein Faltblatt aus Glanzpapier vor sie hin, worauf Sörens Mutter sich vorbeugte und die Besetzungsliste las, während Roswithas kurze fleischige Finger über die schräg gegeneinandergesetzten Fotos sprangen, die ihre Erzählung beglaubigen sollten. Sie sammelte die Programmhefte wie etwas Kostbares.

Als Sören in die Schule kam, wollte er nicht mehr, daß Roswitha nach ihm ausgeschickt wurde, um vor dem Tor mit dem Schirm auf ihn zu warten, lieber wurde er naß. Begegnete sie ihm auf der Straße, rief er: Wohin, Roswitha!, worauf sie sich duckte, wie unter einem Hieb, denn sie erkannte an dem Ton, in dem er die Frage stellte, daß er sich über sie lustig machte. Kam Sören nach Haus, konnte es sein, daß seine Mutter ihn vorwurfsvoll ansah, dann wußte er, daß Roswitha sich über ihn beschwert hatte. Aus Roswitha, die in jeden Film über achtzehn durfte, die schon erwachsen war, als er in den Kindergarten kam, wurde Roswitha das Kind, das die Mutter gegen seinen Spott in Schutz nehmen mußte. Im gleichen Maß, in dem er älter und verständiger wurde, blieb sie hinter ihm zurück; nicht, daß sie schwachsinnig gewesen wäre, aber mehr als ihren Namen konnte sie nicht schreiben, und darauf, dachte Sören, nachdem er Lesen und Schreiben gelernt hatte, kam es schon an.

Wenn die Mutter sie zum Einkaufen schickte, und sei es nur um Brot und Milch, gab sie ihr einen Zettel mit, auf dem alles notiert war und den sie zusammen mit dem Portemonnaie über den Ladentisch reichte. Dennoch kam es vor, daß sie das Falsche brachte, traf sie nämlich unterwegs jemanden, erzählte sie ihm, daß sie zum Konsum gehe, und zwar um Brot und Milch, dem nächsten aber sagte sie schon, daß sie Brot und Mehl kaufen werde, und war dann, wenn sie im Laden stand, sicher, daß es Brot und Mehl sein sollten, und weigerte sich, der Verkäuferin den Zettel zu zeigen. Brachte sie das Falsche ins Haus, behauptete sie, eben dies hätte auf dem Zettel gestanden. Fragte Sörens Mutter, wo der Zettel sei, sagte Roswitha, daß sie ihn verloren habe. Sörens Mutter sah es ihr nach und schickte sie zum Umtauschen, Sören aber, dem sie so lange die Erwachsene vorgespielt hatte, sah es ihr nicht nach, sondern machte spitze Bemerkungen.

Roswitha hatte dickes Haar, das in der Mitte gescheitelt, zu Zöpfen geflochten und im Nacken zum Kranz gelegt war. In ihrem Zimmer sah er den Kamm, mit dem sie es kämmte. Es war ein kleiner schwarzer Gummikamm, der mit einer matten grauen Schicht überzogen war, so daß man ihn für einen grauen Kamm hätte halten können, wären nicht die Kratzspuren von ihren Nägeln darauf gewesen; wo die Zinken in den Steg ausliefen, staute sich Verfilztes aus Schuppen, Grind und fettigem Haar. Als sie unter der niedrigen Decke zusammenstanden, merkte er, daß sie nur noch um Weniges größer war als er, und lehnte sich gegen ihren wulstigen Rücken; es roch faulig im Zimmer, von nebenan klang das rasselnde Schnarchen ihres Vaters herüber.

Mitte der Woche war Waschtag. Wenn das Wetter es zuließ, wurde ein Holzbottich aus der Waschküche in den Garten gestellt, unter den Nußbaum, dessen Zweige bis an Sörens Fenster reichten; nachts, wenn Wind ging, wachte er manchmal davon auf, daß sie gegen die Scheibe klopften; es war, als begehrte Herr Nußbaum Einlaß, weil er sich fürchtete, so allein draußen in der Dunkelheit.

An einem Tag im Frühsommer, als Sören aus der Schule kam, sah er Roswitha, über den Bottich gebeugt, im Garten; ihre Hände rieben ein Wäschestück über das Brett mit dem geriffelten Metalleinsatz, das schräg im Bottich lehnte, ihre Füße in den derben Schuhen waren ins Gras gestemmt. Wie gehts, Roswitha, fragte er, nachdem er herangetreten war, aber sie antwortete nicht mehr, er war schon ihr Feind. Sie blickte ihn bloß unter ihren geschwollenen Lidern her an, tunkte ein Wäschestück in die Lauge, wrang es aus und warf es in den mit klarem Wasser gefüllten Eimer zu ihren Füßen; und als sie sich wieder über den Bottich beugte, sah er im Ausschnitt des Dirndlkleids, das seiner Mutter gehört hatte, die Brüste, zwei mächtige weiße Fleischberge, die sich hoben und senkten, so plötzlich sah er sie, daß er erschrak, und doch konnte er die Augen erst abwenden, als er vom Haus her seinen Namen rufen hörte.

Am Nachmittag, während er über dem Schreibheft saß,

schweiften seine Gedanken ab, hin zu Roswitha. Die Zweige des Nußbaums schaukelten vorm offnen Fenster, und er hörte das Aufplatschen, wenn sie ein Wäschestück in den Wassereimer warf; als er die Hand seiner Mutter auf der Schulter fühlte, fuhr er zusammen und beugte sich schnell übers Heft. Nachdem sie hinausgegangen war, trat er ans Fenster und sah Roswitha, die sich reckte, um die Wäscheleine an den Baumstamm zu knoten.

Soll ich dir helfen, rief er und kletterte an der Mauer hinab in den Garten. Er wollte ihr die Leine abnehmen, die wie ein aufgerolltes Lasso über ihrem Arm hing, aber sie stieß ihn mit dem Ellbogen zurück, und da hob er, um nicht dumm herumzustehen, die Zinkwanne auf, in der sich die Wäsche türmte, und schleppte sie ein Stück in die Wiese hinein. Während sie die Wäsche aufhängte, trug er ihr den Bastkorb mit den Klammern nach, unentwegt plappernd, und jedesmal, wenn sie sich über die Wanne bückte und er sehen konnte, wie die runden Fleischhügel im Ausschnitt auf- und absprangen, befiel ihn ein Schwindel, ein taumeliges Gefühl, das ihm die Luft abschnürte und gegen das er sich nur zu helfen wußte, indem er rasch weiterplapperte und die Hand in der Hosentasche fest gegen den Bauch preßte, während er ihr mit der anderen den Korb hinhielt.

Die ganze Zeit über gab Roswitha höchstens kurze, schnippische Laute von sich, wie ein beleidigtes Kind, und in der Nacht träumte Sören, daß sie beim Erbsenauspulen auf der Treppe saß, mit hochgeschlagenem Rock und auseinandergestellten Beinen; er trat vor und sah, während er die Schulmappe vom Rücken schnallte, die Stelle im Schritt, die behaart und vorgestülpt war, ein wenig wie bei einem männlichen Hund.

Am Morgen war er verstört und blaß, und da er nicht

sagen konnte, was mit ihm war, legte die Mutter die Hand auf seine Stirn, um zu fühlen, ob er Fieber habe, aber er schob die Hand zurück. In der ersten Stunde saß er zurückgelehnt in seiner Bank und dachte an Roswitha. Als die Lehrerin aufstand und an die Tafel trat, dachte er: die hat es auch, das Behaarte, und als er auf der Straße eine Frau vorbeigehen sah, dachte er: die auch. Sie alle hatten es und hatten es vor ihm verheimlicht.

Da er am Fenster saß, von dem aus er die Straße bequem überblicken konnte, paßte er auf, ob er Roswitha vorbeikommen sähe. Früher war er oft mit ihr allein gewesen, im Garten, in ihrem Zimmer, und sie hatte es die ganze Zeit über mit sich herumgetragen, immer in Reichweite seiner Hand, nur durch das bißchen Kleiderstoff von ihm getrennt. Wie um zu fühlen, wie dünn Stoff sei, wie wenig Widerstand er bot, legte er die Hand aufs Hemd und spürte darunter die Rippen, über denen sich die Haut spannte, und wenn er mit den Schultern ruckte, spürte er, wie sie sich über den Rippen verschob; jede Unebenheit konnte er ertasten, sogar die winzige Erhebung, das Muttermal neben der linken Achselhöhle, das an der gleichen Stelle wuchs wie bei seinem Vater.

Er lehnte sich in der Bank zurück, tastete mit der Hand über die Rippen, unter die Achselhöhle und sah im gleichen Augenblick Roswitha im Ausschnitt des Fensters auftauchen. Sie geht nur so, dachte er, als er sie entdeckte, ohne Auftrag, denn sie ging schnell, den rechten Arm weit vor- und zurückschwingend, den Kopf vorgereckt, die Augen aber gesenkt, so daß sie beinahe mit Seipel, dem Polizisten, zusammengestoßen wäre, der ihr entgegenkam. Seipel war ein schwerer kantiger Mann mit einer Hasenscharte, die von einem dünnen wäßrigblonden Bärtchen halb verdeckt war; die Enden der grünen Uniformhose, die, wenn man ihn sah, meistens von Hosenspangen an der Seite zusammengerafft waren, schlackerten um seine Knöchel; er schob sein Rad, ein schwarzes Damenrad, mit dem er den Kindern im Park oder am Sockel der gesprengten Kanalbrücke auflauerte oder auf dem er hinter ihnen herjagte, wenn er sie nachmittags bei den Kirschgärten antraf, die zum Gut gehörten. Jetzt schob er das Rad, der Hinterreifen war platt. Sören sah, wie Roswitha ihn ansprach, wie sie unter dem linken Arm, den sie eng an den Leib gepreßt hielt, das grüne Einkaufsnetz hervorzog, um es Seipel zu zeigen, und da wußte er, daß seine Mutter sie ausgeschickt hatte, in den Konsum, der am Ende der Straße lag. Seipel nickte, hob, wie zum Gruß, die Hand an die Mütze und machte, daß er schnell weiterkam. Roswitha blickte ihm nach, und Sören dachte, während er sie auf der Straße stehen sah: wenn sie ihn doch wieder mitnähme, wie früher, in ihr Zimmer. Aber dahin nahm sie ihn nicht mehr mit.

In den Wochen, die folgten, und es waren nur noch wenige Wochen hin, bis die Sache mit Roswitha passierte, hielt Sören sich mit seinem Spott zurück. Wenn er ihr im Haus begegnete, blieb er bei ihr stehen und fragte sie nach dem Film, der im Kino lief. Er hatte sich die Bilder im Glaskasten neben der Schwingtür angesehen und die Handlung daraus zusammengesetzt, das machte er immer so, bei allen Filmen, in die er nicht durfte. Der Film begann für ihn mit dem ersten Bild links oben und endete mit dem letzten rechts unten, jedes Bild erzählte eine Geschichte, ein Stück Handlung, und die Handlung, die zwischen den Bildern lag, erfand er hinzu; auf diese Weise glaubte er, alle Filme zu kennen, auch die, die er nicht gesehen hatte.

Ist es so, Roswitha, fragte er, nachdem er ihr die Handlung des Films (so wie er sie sich vorstellte) erzählt hatte, doch sie blickte ihn bloß mit ihren runden Kuhaugen an, und da er merkte, daß sie nichts zu antworten wußte, fragte er nicht mehr nach der Handlung, sondern nur noch, ob ihr der Film gefallen habe und ob sie meine, daß er ihn sich ebenfalls ansehen solle. Bist ja zu kleen, antwortete sie darauf, triumphierend, und reckte sich. Aber sie antwortete, immerhin.

Als seine Mutter sie zum Kartoffelholen in den Keller schickte, stieg er ihr mit der Taschenlampe nach, tat, als wolle er ihr leuchten, damit es sie nicht gruselte, wenn sie mit der bloßen Hand ins Dunkle, zu den verschrumpelten Knollen mit den Keimen, die sich wie fette, weiße Würmer in der Kiste wanden, hinabgreifen mußte, und lenkte dabei den Lichtstrahl so, daß er wie zufällig auf ihren Hals, auf das sich über der Brust beulende Kleid fiel.

Einmal, als er sah, daß sie mit den Landarbeiterfrauen auf dem Leiterwagen vorbeirollte – die Bauern holten sie manchmal zum Rübenhacken oder Unkraut jäten –, fuhr er ihr mit dem Rad nach aufs Feld, stand dann, die Radstange zwischen den Beinen, auf dem Sandweg, an dem staubiger Huflattich, Kornblumen, Klatschmohn wuchsen, und blickte über die buckelnden Rücken der Frauen, die in schräger Linie über den Acker gingen, sich aufrichteten, die Hände ins Kreuz stemmten, wieder einen Buckel machten und weiterarbeiteten. Als sie ihn bemerkten und ihm zuwinkten, sie kannten ihn alle, fuhr er weiter ins Kiefernwäldchen, wo er sich zwischen die hohen, scharfen Gräser auf den Bauch legte. Um ihn war das träge Gesumm der Sommerfliegen, und jeder Lufthauch trug den Geruch des Harzes heran, der aus den offenen Baumwunden quoll.

Traf er sie auf der Straße, rief er ihr nicht mehr nach: Wohin, Roswitha!, sondern versuchte, sich ihrem Eilschritt anzupassen und sie in ein Gespräch zu ziehen, bei dem sie nicht argwöhnen konnte, er verhöhne sie. Er umwarb sie, wie er es bei einem gleichaltrigen Mädchen niemals gewagt hätte, und fühlte sich doch bei aller Aufmerksamkeit, die er ihr entgegenbrachte, wie ein Verräter. Er sagte: Das ist aber ein schönes Kleid, Roswitha, und: Dein langes Haar, warum trägst dus nicht offen wie die Frauen im Film, ich würds dir gern kämmen. Dabei fühlte er, wie allein beim Gedanken an den klebrigen Gummikamm mit den verfilzten Zinken eine Gänsehaut über seinen Rücken kroch, so sehr ekelte ihn davor.

Aber er wollte ja auch nur, daß sie ihn wieder mit aufs Zimmer nahm, wie früher, als sie noch gut miteinander gestanden hatten, in der Zeit, in der er sich noch nicht geschämt hatte, wenn sie mit dem Schirm auf ihn wartete. Er würde, wenn sie allein wären, das übermütige Kind spielen, sie wie im Spaß aufs Bett kippen, sich wie zufällig in ihr Fleisch krallen. Vielleicht könnte er ihr vom aufgesetzten Schnaps zu trinken geben, der in durchsichtigen Flaschen im Keller stand, und sie schliefe ein wie ihr Vater, der Freitag abends, eine Stunde nachdem in der Zuckerfabrik, in der er arbeitete, der Lohn ausgezahlt worden war, mit angewinkelten Beinen betrunken im Park lag, schnarchte und nicht merkte, wenn man ihm die Schuhe auszog und in den Baum hängte. Die Flaschen mit den weißen Etiketten, auf denen in der strengen Handschrift seines Vaters *Holunder, Kirsche, Stachelbeere* notiert war, dazu das Jahr der Abfüllung, standen auf dem Regal unterm Kellerfenster, er würde eine Flasche wegnehmen, eine Flasche aus der hinteren Reihe, sie unters Hemd stecken, die Spitze mit dem Korken unter die Achselhöhle klemmen und, wenn er das Haus verließe, den Arm fest an den Körper pressen, keiner würde etwas merken.

Während sie nebeneinander hergingen und er ihr schmeichelte, malte er sich aus, was er, sobald sie wie ein Stein schliefe, mit ihr anstellen könnte; er sah sich in der Kammer, in der es modrig roch, auf dem Bett sitzen, während sie neben ihm hingestreckt war in ihrem Kleid, unter dem die muskulösen Beine in den braunen Strümpfen hervorragten und ein Stück übern Bettrand hingen. Der faulige Geruch, der in allen Winkeln, allen Ritzen der Kammer nistete, schien ihm dann weniger entsetzlich, ja, im Gegenteil, ein Hauch davon haftete auch an Roswithas Kleidern, in ihrem Haar, und er merkte voller Verwirrung, daß dieser Geruch ihn anzuziehen begann. Während er neben ihr herging, beugte er sich zu ihr hinüber, um ihn einzuatmen und sich dabei vorzustellen, wie es wäre, wenn sie neben ihm auf dem Bett läge. Kam ihnen aber ein Junge entgegen, den er kannte, bog Sören rasch ab, um Roswitha erst eingangs der nächsten Straße wiederzutreffen und ihr umständlich zu erklären, warum er sie hatte verlassen müssen.

Sie beachtete seine Entschuldigungen nicht, ja, es schien, als habe sie gar nicht bemerkt, daß er einen Haken geschlagen hatte, um nicht mit ihr zusammen gesehen zu werden, und dennoch geschah es dann, daß er mitten im Satz abbrach, weil er sich plötzlich schämte, sie anzulügen, und sie tatsächlich verließ, um dann wieder, wenn er sie nur eine Stunde später im Garten erblickte, hinauszugehen und sich neben sie zu stellen. Was willsten? fragte Roswitha. Er sagte: Dir Gesellschaft leisten. Und sah mit gierigen Augen, wie sie sich drehte und bückte.

Obwohl er, von seiner Mutter abgesehen, in diesen Tagen vielleicht der einzige war, der ihr freundlich begegnete, blieb sie abweisend, wie in der Zeit, in der er sich noch über sie lustig gemacht hatte. Sie sagte: Was willsten? oder: Hau ab, du! Die meiste Zeit aber sagte sie nichts, sondern kehrte ihm bloß, wo immer es ihre Arbeit erlaubte, den Rücken zu; mußte sie aber in seine Richtung gucken, ging ihr Blick an ihm vorbei; die Luft um sie war wie gefroren.

Sören war zwölf und bekam fünfzig Pfennig Taschengeld in der Woche. Fürs Kino bekam er extra, wenn er glaubhaft machen konnte, daß es ein wertvoller Film sei, den die Lehrer empfohlen hatten, über den Bau einer Straße quer durch einen Kontinent oder über das alte Rom beispielsweise. Das Taschengeld wurde ihm am Montagmorgen neben den Frühstücksteller gelegt, und er nahm sich vor, bis Sonntagmittag zwanzig Pfennig zu sparen, um ein Programmheft für Roswitha zu kaufen; vielleicht, dachte er, vergaß sie dann ihren Groll gegen ihn und nahm ihn, wie früher, mit in ihr Zimmer, die niedrige Höhle.

Aber schon Mitte der Woche war das Geld aufgebraucht, weshalb er, als ihn die Mutter zum Einkaufen schickte, weil Roswitha mit den Landarbeiterfrauen auf dem Feld war, zwei Groschen abzweigte. Er schob sie in die enge Messertasche seiner Lederhose und tastete zwischendurch mit dem Zeigefinger danach, um zu prüfen, ob sie noch da seien. Während er mit der Fingerkuppe über den runden Rand strich, spürte er, wie sich die Münzen unter seinen Tastbewegungen drehten und gegen den Horngriff des Messers rieben; auf diese Weise trieb er sie immer tiefer in den Grund des Taschenschlauchs, und als er sie am Sonntagmittag hervorholen wollte, waren sie so tief gerutscht, daß er sie nicht mehr mit den Fingern fassen konnte. Bevor er sich auf den Weg zum Kino machte, schloß er sich im Bad ein und angelte sie mit der Pinzette heraus, die neben Schere, Feile und Nagelzange in dem kleinen braunen Ledermäppchen steckte, das die Mutter mitnahm, wenn sie verreisten.

Die Programmhefte waren auf glattem, hartem Papier gedruckt, das ins Graue schimmerte, und die Fotos, die darin abgebildet waren, hatten einen blassen Braun- oder Blaustich; die Hefte hingen an der Glasscheibe, mit der die Kasse gegen den dunklen Kinovorraum abgetrennt war, auch die Hefte zu den Filmen, die schon gelaufen waren oder erst in den nächsten Wochen laufen würden. Er wartete in der Ecke neben der Schwingtür, bis sich die Schlange vor der Kasse aufgelöst hatte, trat dann heran, legte die Groschen in die Blechschale und verlangte, während er hörte, wie im Kinosaal die Fanfare der Wochenschau ertönte, das Programmheft, das er sich ausgeguckt hatte.

Das hier will ich, sagte er, und tippte mit dem Finger gegen die Glasscheibe. Der läuft doch jar nich, sagte die Kino-Schulze, die so dick war, daß sie den winzigen Kassenverschlag fast ganz ausfüllte, bückte sich ächzend zu einer Kiste herab, die auf dem Boden stand, und reichte ihm, nachdem sie sich wieder aufgerichtet hatte, das Heft. Sören sah den Abdruck, den ihr Daumen auf dem glatten Papier hinterlassen hatte. Er rollte das Heft in der Hand zusammen und trat auf den Kinoplatz hinaus, der im weißen Nachmittagslicht flirrte.

Bevor er in die Straße einbog, in der sie wohnten, schob er das Heft unters Hemd, schlich sich, nachdem er ins Haus gelangt war, an der offnen Wohnzimmertür vorbei zu seinem Zimmer und versteckte es unterm Kopfkeil seines Betts. In der Nacht holte er es hervor, um sich die kleinen Bilder darin in Ruhe zu betrachten. Obwohl darauf nur zu sehen war, wie sich ein Mann und eine Frau am Tisch gegenübersaßen, wie sie auf eine Bahnhofsuhr guckten oder wie ein Auto in einen Fluß stürzte, fühlte er sich, als er die Augen über die Bilder gleiten ließ, so erregt, als sähe er Roswitha vor sich, wie sie in seinem Traum auf der Treppe gesessen hatte, und als er ihr am nächsten Tag das Faltblatt hinhielt, merkte er, daß ihm das Blut ins Gesicht schoß. Er wollte etwas sagen, ein paar Worte, die das Geschenk erklärten, aber Roswitha wischte es mit der Hand weg, ohne einen Blick darauf zu werfen.

Das war am Mittag, nach der Schule. Sie standen auf dem Lehmweg im Garten, an einer Stelle, die weder vom Haus noch von den Nachbargärten aus eingesehen werden konnte, am Zaun lehnte noch die Hacke, mit der sein Vater am Abend zuvor den Boden zwischen den Erdbeerreihen gelockert hatte, und Sören dachte, als Roswitha ihm den Rücken zukehrte, daß er ihr leicht eins mit der Hacke über den Kopf ziehen könnte. Er könnte sie zwischen die Johannisbeersträucher ziehen, ihren Rock hochschlagen und danach, wenn er alles an ihr betrachtet und betastet haben würde, den Rock ordnen, ins Haus laufen, schreien, daß Roswitha gestürzt sei, so unglücklich, daß sie mit dem Kopf gegen das spitze Eisen ... Wenn sie wieder erwachte, würde sie sich an nichts erinnern, und erinnerte sie sich doch, würde ihr keiner glauben, da alle wußten, daß sie zurückgeblieben war, nicht richtig im Kopf.

Guck mal, Roswitha, rief er, das ist die Hacke!, nahm die Holzstange, an deren Ende das Eisenblatt steckte, und hielt sie hoch. Aber Roswitha ging, den Rechen über den Weg schleifend, weiter, ohne sich nach ihm umzudrehen. Da wandte er sich ab und lief, so schnell er konnte, zurück ins Haus.

In der Nacht klopfte Herr Nußbaum ans Fenster und wollte herein. Doch als Sören wach wurde, hörte er nicht die Zweige, die der Wind gegen die Scheibe trieb, sondern Flüstern und Schritte im Flur, und glaubte, er sei davon wach geworden, von den Schritten, dem Flüstern, und davon, daß jemand die Tür zu seinem Zimmer geöffnet habe; gleich darauf wurde die Wohnungstür ins Schloß gezogen, und es war wieder still.

Am Morgen trat er in die Küche und sah seine Mutter am Tisch sitzen. Sie drehte eine leere Tasse zwischen den offenen Handflächen und blickte erst auf, als er sich setzte. Was ist denn, fragte er kieksend, morgens, nach dem Aufwachen hatte er manchmal eine rauhe, kieksende Stimme. Nichts, sagte sie, schob den Stuhl zurück und stand auf. Er nahm die Tasse, die sie abgestellt hatte, und spürte, daß sie warm war von ihren Händen.

In der zweiten Stunde sah er Seipel vorbeifahren, das Fenster stand einen Spalt weit auf, und er hörte, wie das schwarze Damenrad unter Seipels Gewicht knarrte, es schien, als biege sich der offne Rahmen bei jedem Tritt in die Pedalen zusammen. Gleich wird Roswitha auftauchen, dachte Sören, aber Roswitha tauchte nicht auf, in der zweiten Stunde nicht, nicht in der dritten und vierten, und als er in der Pause zwischen vierter und fünfter Stunde an der schwarzgetünchten Wand des Pissoirs stand, hörte er, zwischen dem gurgelnden Geräusch des abfließenden Wassers, das sich mit dem Urinstrahl vermischte, einen Jungen aus der achten Klasse zu einem anderen sagen: Wenn sie den kriegen, machen sie ihn ein' Kopp kürzer. Mehr nicht, und doch erinnerte er sich später daran, an diese Worte und an die Geste, mit der er die Worte begleitete, einer knappen, endgültigen Bewegung mit der flachen Hand um den Hals. Der Junge hob die Hand, deutete den Schnitt an, knöpfte sich danach die Hose zu und ging mit dem anderen, einem Jungen, der von einem Traktor angefahren worden war und seitdem hinkte, hinaus.

Für einen Augenblick blitzte das Licht durch die offne Tür und das Geblöke vom Schulhof drang herein, dann, nachdem die Brettertür mit einem Knall zugefallen war, wurde es still, und Sören mußte die Augen zusammenkneifen, als er im Halbdunkel, das ihn wieder umgab, die Worte entziffern, die Zeichnungen betrachten wollte, die in die schwarze Wand geritzt waren, gegen die die Jungen ihr Wasser abschlugen. Das meiste kannte er schon, aber manchmal geschah es doch, daß ein neues Wort, eine neue Zeichnung hinzukam.

Als er nach der Schule in den Hof trat, sah er Seipel unterm Nußbaum stehen. Er bog mit der einen Hand die Zweige zurück, die bis an Sörens Fenster reichten, und tastete mit der anderen über die Mauer; sein schwarzes Damenrad lehnte an der Waschküchentür, und seine grünen Uniformhosenbeine waren über den Knöcheln von den silbrig glänzenden Spangen zusammengerafft. Da is eener runterjeklettert, nuschelte er unter seinem Hasenschartenbart hervor, und Sörens Mutter, die hinter ihm stand, erwiderte: Na klar, er klettert ja immer aussem Fenster und wieder rin. Das war nicht ihre Art zu reden, sie paßte sich Seipels Art zu reden an, daran erkannte Sören, daß etwas nicht stimmte.

Die beiden hatten ihn nicht gesehen, er öffnete die Haustür, schlich sich in die Wohnung und beobachtete vom Fenster aus, wie Seipel sein Rad vom Hof schob, noch einmal stehenblieb und sich umdrehte, als habe er etwas vergessen.

Was hat er denn jewollt, fragte Sören, als seine Mutter

in die Küche trat. Is wegen Roswitha, sagte sie und zog die Schublade auf. Wegen Roswitha, fragte er. Ja, erwiderte sie und klapperte mit dem Besteck. Versteh ick nich, sagte er. Mußte auch nich. Aber dann drehte sie sich um, ließ Messer und Gabel auf den Tisch fallen und sagte, nachdem sie sich gesetzt hatte, ihm gegenüber, aber ohne ihn anzusehen: Sie is überfallen worden, und nu muß Seipeln überall rumforschen. Das klang leicht, aber Sören merkte, daß sie wieder wie die Landarbeiterfrauen sprach, so, wie sie ihm verboten hatte zu sprechen. Sie fiel manchmal in diesen Sprachsingsang, wenn sie etwas sagen mußte, das ihr nicht behagte. Überfallen, fragte er. Ja, inner Nacht, nachem Kino.

Da hätte er weiterfragen müssen, fragen, nicht nur, wie schwer sie verletzt sei und wer sie überfallen habe, sondern vor allem, warum Seipel meinte, sich die Mauer unter seinem Fenster ansehen zu müssen. Aber er traute sich nicht, und so erfuhr er es erst später, nachdem Roswitha schon wieder aus dem Krankenhaus entlassen worden war und allen erzählte, er sei es gewesen, der sie in der Nacht ins Gebüsch gezerrt hätte. Sie erzählte es noch, als schon alle wußten, daß es einer der Gleisarbeiter war, die in den Holzbaracken hinter der Kleinbahn wohnten, ein langer, dünner mit struppigem Haar, der am gleichen Abend mit ihrem Vater Karten gespielt hatte. Er hatte längst gestanden und war in die Kreisstadt ins Gefängnis gebracht worden. Sie aber ging in ihrem Eilschritt, den rechten Arm weit vor- und zurückschwingend, durch die Straßen, hielt jeden an, der ihr entgegenkam, und sagte: Sören war et. Nu laß ma jut sein, Roswitha, erwiderten die Leute.

An diesem Tag, an dem er aus der Schule zurückgekommen war und Seipel im Garten gesehen hatte, fragte er nicht weiter, sondern nickte bloß, und seine Mutter schien froh darüber zu sein. Während sie aßen, sah er die Handkante, die das Guillotinemesser vorstellte, mit dem die Hälse durchgeschnitten wurden, er sah, wie das Messer heruntersauste und sein Kopf in den Korb fiel, den er sich wie die Weidenkörbe vorstellte, die im Gut geflochten wurden. Er schob den Teller zurück und sagte: Ick kann nüscht essen, hab keen Hunger. Das verstehe ich gut, sagte seine Mutter, langte über den Tisch und streichelte seine Hand.

Unterwegs

Na gut, dann werde ich von den Fahrten erzählen, die wir unternommen haben, nachts über Land.

Nachdem ich mich die Treppe hinabgeschlichen hatte, schloß ich leise die Tür auf, trat hinaus und lief, so schnell ich konnte, durch die Straßen. Die Laternen waren an dik-ken, zwischen den Häusern gespannten Drähten aufgehängt und warfen ein kaltes Licht, das an den Wänden auf- und abtanzte, so daß es aussah, als bewegte sich etwas in den Hauseingängen. Immer glaubte ich, einer stünde da, der mir nachgaffte, einer, der selbst etwas zu verbergen hatte, etwa, weil er mit einer Geliebten da stand, von der niemand wissen durfte, so wie niemand etwas davon wissen durfte, daß ich im Dunkeln durch die Straßen lief. Das Dorf war voller Verrat, nie wußte man, was einer mitbekam und wann er davon Gebrauch machte. Vielleicht geriet ich mit einem in Streit, und anderntags hörte ich, wie er herumposaunte, daß er bei der Wellblechgarage hinter der Schule gesehen habe, wie ich das Tor aufgeklinkt und das Auto auf die Straße geschoben hätte. Damit mußte man rechnen, aber es hielt mich nicht davon ab, es dennoch zu tun, mich nicht und die anderen auch nicht, die sich aus Häusern, in denen es ähnlich zuging, weggestohlen hatten.

Denn es herrschte ja eine Enge in den Häusern, in den Familien, die kaum mehr vorstellbar ist, eine Enge, die ein Mangel an Platz war, aber auch eine Enge des Herzens. Obwohl alles gemeinsam geschah, das Aufstehen, das Essen, das Zubettgehen, kommt es mir vor, als hätten wir nicht das Geringste voneinander gewußt, weil jeder sein Innerstes vor dem anderen verbarg, aus Angst, von ihm ausgelacht zu werden, aus Sorge, ihm lästig zu fallen, oder aus Trotz, den wir mit Stolz verwechselten. Und gleichzeitig waren wir jeder (alle, die unter einem Dach lebten) die genaue Kopie des anderen; jeder Handgriff, den wir machten, war nachgeäfft, der Mutter, dem Vater, den älteren Geschwistern, die sie ebenfalls jemandem nachgeäfft hatten, ihren Eltern, ihren Geschwistern. Wenn ich mir nur mit der Hand über die Stirn wischen wollte, sah ich schon zehn andere, die, während sie die gleiche Geste ausführten, den kleinen Finger abgestreckt hielten wie ich. Dann ließ ich die Hand wieder sinken und saß eine Weile wie gelähmt da. Oder schleppte mich lustlos von einer Ecke zur anderen und blaffte jeden, der in meine Nähe kam, an. Am schlimmsten aber war das Gefühl, daß es ewig so ginge: Aufstehen, Essen, Zubettgehen, unterbrochen nur von der Herumlungerei in der Schule, auf dem Geländer am Sportplatz. Erst wenn ich das Dorf im Rückspiegel verschwinden sah, fiel dieses Gefühl (das einer bleigrauen Taubheit glich) von mir ab, in den wenigen Stunden nachts.

Wir borgen uns das Auto ja nur, sagte Reinhold, der nicht bei seinen Eltern wohnte, sondern bei seiner Halbschwester, die zwanzig Jahre älter war als er und einen Mann geheiratet hatte, der sich als Taxiunternehmer ausgab, aber meistens zu Hause saß, vorm Fernseher, weil es damals nur wenige gab, die sich ein Taxi leisten mochten. Einmal bring ich ihn um, sagte Reinhold. Bei jedem Streit, der zwischen ihnen ausbrach, drohte er damit, den Mann seiner Schwester umzubringen oder wenigstens wegzuziehen, nicht nur aus dem Dorf, sondern weit weg, nach München oder Berlin, wo ihm keiner Vorschriften machen konnte.

Quatschkopf, sagte Jürgen, wenn er das hörte. Oder: Tu

es doch endlich. Er hatte ein langes, scharf geschnittenes Gesicht, aber einen kurzen gedrungenen Körper, der mit Muskeln vollgepackt war, die er sich beim Geräteturnen antrainiert hatte; er war ein eleganter Turner, der sich mit geschlossenen Beinen in den Ringen hochstemmen konnte. Beim Gehen wippte er auf und ab und schlenkerte mit den Armen. Ein bißchen sah es immer aus, als versuche er den Augenblick, bevor er nach dem Abrollen der Füße auf die Ferse zurücksank, hinauszuzögern. Tu es doch, hörte ich ihn sagen, als ich das Schloß aufklinkte.

Es war ein kleines Auto, das jeder von uns auch allein aus der Garage schieben konnte, aber wir faßten gemeinsam an, einer von uns langte durchs Fenster und hielt das Steuer, während die anderen sich gegen den Kofferraum stemmten. Der Lehrer, dem es gehörte, war ein junger Mann, der die Haare nach vorn gekämmt trug, weshalb er im Dorf, in dem alle, auch wir, die Haare nach hinten oder, mit Scheitel, nach links und rechts gekämmt hatten, nicht gut angesehen war. Bitte fahren Sie vorsichtig, riefen wir ihm nach, wenn wir ihn durchs Dorf brausen sahen, immer in Sorge, er könnte das Auto gegen eine Hauswand setzen.

Wir schoben es aus der Garage und danach ein Stück die Straße hoch, ehe wir einstiegen und den Motor anließen. Wir schlossen die Zündung kurz, ganz einfach. Es mußte dunkel sein, wenn wir losfuhren. Und doch erinnere ich mich nur an helle Nächte. Der Mond schien, und die Wolken, die wie dicke Federbetten über den Tälern hingen, hatten weiße Ränder. Sofern es Wolken gab; oft, scheint es mir jetzt, als hätten sie sich an den Abenden, an denen wir unterwegs waren, in einen anderen Teil des Landes verzogen gehabt, in den tiefen Süden, in den hohen Norden. Es war immer hell, zu hell, wenn wir die Garage aufklinkten, das Auto hinausschoben. Der Himmel war leergefegt, eine dünne Sichel hing über den Hausdächern, die dennoch ein klares, die Gegenstände scharf gegeneinander abgrenzendes Licht warf, in dem uns jeder, der zufällig aus dem Fenster blickte, hätte erkennen können.

Nachdem wir auf die Chaussee eingebogen waren, kurbelten wir die Scheiben herunter und fuhren mit dem Fahrtwind, der hereinwirbelte, mit der Musik aus dem Autoradio, das wir bis zum Anschlag aufgedreht hatten, bergauf-bergab, nur so, um zu fahren, um zu spüren, daß wir unterwegs waren, bis wir das Radio wieder leise stellten, so leise, daß die Musik kaum noch zu hören war. Nach einer Weile schien es, als wolle jeder für sich sein, allein mit seinen Gedanken. Es war schön, unterwegs zu sein, in die Dunkelheit hinauszuschauen, auf die abgeernteten Felder, die Baumgruppen in den Wiesen und an etwas zu denken, das zurücklag oder erst kommen würde, in einem künftigen Leben. Wir sprachen kaum miteinander, sondern hörten auf das Sirren der Reifen, das Summen des Motors, das Pfeifen des Fahrtwinds, bis uns auch das zu stören begann und wir die Fenster wieder hochkurbelten.

Anfangs kannten wir die Dörfer noch, durch die wir kamen. Es gab uns ein Gefühl der Macht, durch sie hindurchzufahren und die Häuser zu sehen, in denen jemand wohnte, den wir kannten. Wir blickten zu den dunklen Fenstern hoch und wußten, daß unser Bekannter im Bett lag, während er nicht wußte, daß wir es waren, die unten auf der Straße vorbeifuhren, daß das Geräusch, das er im Halbschlaf hörte, von dem Auto verursacht wurde, in dem wir saßen. Wir waren unerreichbar für ihn, auf der Seite der Diebe. Schließlich kamen wir durch Dörfer, die wir zuvor noch nie gesehen hatten und die ebenso dunkel und ausgestorben dalagen wie die, durch die wir zuvor gefahren waren, die ganze Welt schlief, nur wir waren wach, Jürgen, der das Auto steuerte, Reinhold, der auf dem Rücksitz saß, und ich.

Meistens war es Jürgen, der fuhr, und wenn er müde wurde, löste ich ihn ab. Er fuhr oder ich, während Reinhold nicht fahren durfte, unter keinen Umständen. Wir hatten uns darauf verständigt, ihn nicht ans Steuer zu lassen, weil wir nie wußten, wieviel er getrunken hatte. Und Reinhold gab sich damit zufrieden, auf dem Rücksitz zu hocken, aus dem Fenster zu blicken und ab und zu einen Schluck aus der kleinen Flasche zu nehmen, die er immer dabei hatte.

Trink nicht soviel, sagten wir, wenn wir unterwegs waren, sonst riecht es der Lehrer. Worauf es vorkam, daß er die Flasche, die er schon aufgeschraubt hatte, wieder zudrehte und in die Tasche zurücksteckte. Die Bäume, die Wiesen flogen am Fenster vorbei, und manchmal, wenn wir früh genug losgefahren waren, gelangten wir bis zu der Anhöhe, von der aus der Lichtschein zu sehen war, der sich wie eine Glocke über der Großstadt wölbte; dann wußten wir, daß wir umkehren mußten, um, bevor es hell wurde, das Auto in die Garage zurückzustellen.

Jürgen ging ein halbes Jahr vorm Abitur von der Schule ab und machte eine Lehre als Glasbläser, die ihn später bis nach Singapur führte, wo er die Herstellung von Einweckgläsern überwachte, die nach Deutschland exportiert wurden. Reinhold arbeitete in einem Bekleidungsgeschäft in der Kreisstadt, er wollte Dekorateur werden und sich danach bei einer Werkkunstschule bewerben. (München! Berlin!) Er hatte ein freundliches, weich gepolstertes Gesicht, und seine Hände, mit denen er wunderbare Bewegungen in der Luft vollführen konnte, waren lang und schmalgliedrig, ebenso sein Körper; die Fingerkuppen aber waren von schwarzen Punkten übersät, die von den Einstichen der Nadeln herrührten, mit denen er die Stoffe, die er um die Schaufensterpuppen drapierte, feststecken mußte.

Und heute, sagte er in der Nacht, an die ich denke (wir waren schon auf dem Rückweg), heute ist es passiert. Was, fragte Jürgen. Ich habe ihn umgebracht. Worauf Jürgen so scharf bremste, daß ich die Arme hoch werfen mußte, um mich abzustützen, weil ich sonst mit dem Kopf gegen die Scheibe geknallt wäre. Und wie, fragte ich, nachdem das Auto zum Stehen gekommen war. Und wie? Um ganz sachlich zu erscheinen. Im Schlaf erwürgt, erwiderte Reinhold und hielt, als wir uns nach ihm umdrehten, wie zur Bestätigung die Hände in die Höhe, zog dann die kleine Flasche hervor und reichte sie uns. Wir nahmen einen großen Schluck, stiegen aus und liefen ein Stück die Böschung hinunter, die neben der Straße zu einer Wiese hin abfiel. Natürlich bestand kein Zweifel, daß Reinhold richtig gehandelt hatte, nur daß er es getan hatte, als sein Schwager schlief, bereitete uns Kopfzerbrechen. Warum während er schlief, fragte Jürgen, spuckte aus und stieg die Böschung wieder hoch. Reinhold und ich folgten ihm, nebeneinander zunächst, Schulter an Schulter, bis Reinhold vorlief, Jürgen überholte und im gleichen Augenblick, in dem ich Jürgen erreichte, auf der Kühlerhaube Platz nahm. Oder vielleicht lehnte er sich auch nur dagegen. Er sah von oben zu, wie wir herankraxelten, und hatte dabei die Hände über den Schritt gelegt, wie Fußballspieler, die sich bei einem Freistoß zur Mauer aufstellten.

Aber er hatte seinen Schwager nicht umgebracht, er hat es an diesem Abend nicht getan und nicht an einem anderen. Und er zog auch nicht weg, sondern heiratete, zwei

Jahre nachdem er die Lehre abgeschlossen hatte, die Tochter des Friseurs, die sich in seine Hände verliebt hatte. Warum soll ich wegziehen, sagte er an dem Tag, an dem ich ihn zum letzten Mal traf. Wir saßen auf dem Hang überm Dorf und blickten zur Chaussee hinunter, auf der wir Jahre zuvor mit der Musik aus dem Autoradio, mit dem Wind, der ins Fenster schoß, entlanggefahren waren. Seine Hände, die immer noch schön waren, zupften an den Gräsern herum, und als wir ins Dorf hinunterstiegen, sagte er: Laß uns eine Karte schreiben, nach Singapur.

Ja, sagte ich, laß uns das tun.

Er wußte auch, welche Karte es sein sollte, er hatte sie aus Italien mitgebracht und für diese Gelegenheit aufgehoben. Sie zeigte das Auto des Lehrers, nur daß dessen Auto blau gewesen war, während das auf der Karte rot war.

Lieber Jürgen, schrieb er, Heinz und ich würden gern mit dir über Land fahren. Danach berichtete er ihm, was sich Neues im Dorf zugetragen hatte, es war so viel, daß am Ende nur eine winzige Ecke frei blieb, gerade soviel, daß ich noch meinen Namen daruntersetzen konnte.

Weihnachten

Eine Woche nach ihrem Einzug in die neue Wohnung träumte Lucca, die Spedition habe ihr zwei Sessel mit zerrissenem Lederbezug ins Haus geliefert, die Sessel hätten die kleinliche Form der Fünfziger-Jahre-Möbel, die Stahlfedern wären gebrochen, sie hätten sich mit ihren scharfen Kanten durchs Leder gebohrt und die Polsterfüllung hinge heraus. Wie kann Vater mir das antun? dachte sie im Schlaf und lief am Morgen als erstes ins Wohnzimmer, um sich davon zu überzeugen, daß sie das wirklich nur geträumt hatte.

Die Sessel waren vor zwei Tagen gebracht worden. Nachdem die Männer der Lieferfirma wieder gegangen waren, hatte sie sich auf einen Stuhl gesetzt, um sie in Ruhe zu betrachten und sich vorzustellen, wie der *Besuch* darin sitzen und wie der Besuch sie selbst darin sitzen sehen würde. Es waren mächtige Möbelstücke, die mehr Platz einnahmen, als ihr recht war. Immer hatte sie Angst, daß die Räume, in denen sie wohnte, vollgestellt wirken könnten. Sie wünschte sich große Räume mit wenigen Möbeln, nie sollte der Eindruck von Enge entstehen. Ihre Mutter hatte sie angerufen und gesagt, daß sie am Tag vor Heiligabend zu Hause bleiben müsse, um auf die Spedition zu warten. Ohne daß sie sagen mußte, was die Spedition bringen würde, und ohne daß Lucca danach zu fragen brauchte, hatte sie gewußt, daß sie zu Hause bleiben sollte, weil die Sessel geliefert wurden, die sie im Sommer zusammen ausgesucht hatten, sie, ihre Mutter und ihr Vater. Aber sie hatte so getan, als wüßte sie von nichts und als wollte sie sich überraschen lassen. Der Verkäufer, das fiel ihr ein, als sie auf die Sessel wartete, war ein älterer

Herr, ungefähr so alt wie ihr Vater, also um die sechzig, der behauptet hatte, sie seien mit einem besonders strapazierfähigen Leder bezogen, und wie um zu beweisen, daß er recht habe, hatte er mit dem Daumennagel in die Armlehne geritzt; tatsächlich war nicht mehr darauf zurückgeblieben als ein heller Streifen, der, als er den Finger anfeuchtete und darüberwischte, wieder verschwand.

Als die Sessel gegen Mittag noch nicht da waren, war sie unruhig geworden. Was, wenn sie so spät geliefert würden, daß sie nicht mehr dazu kam, das Roastbeef abzuholen, das sie bestellt hatte? Sie wohnte ja nicht mehr in der Stadt, wo sie bloß vor die Tür zu treten brauchte und schon in der Einkaufsstraße war. Jetzt mußte sie mit dem Auto sechs Kilometer in den nächstgrößeren Ort fahren, wo man sie in den Geschäften noch nicht kannte und es fraglich war, ob man ihr die bestellten Waren bis zum letzten Moment aufhob. Es fehlte, da sie in der letzten Woche kaum hinausgegangen war, so gut wie an allem, ihre Einkaufsliste füllte eine halbe DIN-A4-Seite. Wenn die Sessel nicht rechtzeitig kämen, müßte sie am nächsten Morgen losfahren, am Morgen des Heiligen Abends, sie würde sich den Wecker stellen müssen, um rechtzeitig aufzuwachen und alles zu erledigen, und vor lauter Angst, ihn zu überhören, die Nacht wach liegen und erst gegen Morgen einschlafen, so daß sie ihn sicher überhören und am ersten Weihnachtsfeiertag, für den sich ihre Eltern angesagt hatten, nichts im Haus haben würde.

Aber dann waren die Sessel doch noch rechtzeitig gekommen, aus der Verpackung gehoben worden und standen nun breit im Zimmer.

Lucca hieß sie, weil ihr Vater, der bei Sienna in amerikanische Kriegsgefangenschaft geraten war, Lucca für einen italienischen Frauennamen hielt. Vor der Taufe hatte ihn der Pfarrer darauf aufmerksam gemacht, daß er in keinem Register verzeichnet sei, und ihm andere, ähnlich klingende Namen vorgeschlagen, aber der Vater hatte, als sei er durch ein Gelübde gebunden, auf diesem bestanden, und da das Kind eine schwere Lungenentzündung hatte, die Nahrungsaufnahme verweigerte und ohnehin zu sterben schien, hatte der Pfarrer schließlich nachgegeben. Und so trug das Mädchen, das unerwartet gesund geworden war, den Namen der Stadt, den es als Menschennamen eigentlich nicht gab. Manchmal erinnerte sie sich daran, wie früher, als sie noch klein war, von ihrer Nottaufe gesprochen wurde, aber wenn sie jetzt, da sie erwachsen war, danach fragte, taten ihre Eltern, als wüßten sie nichts davon.

Aber nein, mein Mädchen, sagte ihr Vater, wie kommst du denn darauf? Und ihre Mutter zuckte die Schultern.

Lucca hatte sich lange um die neue Wohnung bemüht. Schon im Sommer, als sie hörte, daß eine Wohnung in Bukenhag, einer Villenkolonie zwischen Frankfurt und Darmstadt, leer stand, hatte sie sich öfter bei ihrer Firma am Nachmittag freigenommen, um sich mit dem Hausbesitzer zu treffen, einem knochentrockenen Mann, der zweireihige Anzüge trug und Pfeife rauchte. Sie zog ihr schönstes Kleid an und setzte, wenn sie mit ihm sprach, ihr bezauberndstes Lächeln auf. Aber da er nicht wußte, ob nicht vielleicht sein Neffe Interesse an der Wohnung anmelden würde, hatte er sie immer wieder vertröstet. Rufen Sie wieder an, sagte er und blies ihr den Rauch ins Gesicht.

Sonntags war sie manchmal nach Bukenhag hinausgefahren, um das Haus herumgestrichen und hatte sich vorgestellt, wie es sei, darin zu wohnen. Es lag, inmitten von Büschen und alten Bäumen, in einem großen Garten, dem man den unaufdringlich ordnenden Verstand eines Gartenarchitekten der Jahrhundertwende anmerkte; am Zaun wuchsen Rhododendron und Ginster. Die Wohnung hatte, wie Lucca bei der Besichtigung sah, drei Räume, von denen zwei durch eine Schiebetür miteinander verbunden waren, die Decken waren mit Stuck verziert, die Türen und Fenster hatten noch die alten Jugendstilbeschläge und Griffe. Das Prunkstück aber war die Veranda mit ihren vier großen Sprossenfenstern, der grüngekachelten Wand und dem Wasserspeier, einem Löwenkopf, aus dessen Maul ein Wasserstrahl in ein kleines, einem mittelalterlichen Brunnen nachgebildetes Becken fiel, wenn man den Hahn darunter aufdrehte.

Ihre Kollegen, denen sie, wenn sie am Montagmorgen wieder ins Büro kam, von dem Haus vorschwärmte, hatten nicht geglaubt, daß sie die Wohnung bekommen würde. Da sie wußten, wie leicht sie zu begeistern war und wie rasch sie bei der ersten Schwierigkeit verzagte, waren sie von der Hartnäckigkeit, mit der sie ihr Ziel verfolgte, überrascht, und mehr noch, als sie eines Tages, Ende November, den Mietvertrag schwenkend, hereingestürmt kam und rief: Ich hab sie. Die Wohnung? Was sonst!

Im ersten Stock wohnte ein junges Ehepaar mit einem kleinen Kind, einem Mädchen, das drei Jahre alt war; in der Dachwohnung eine ältere Frau, die morgens in Tenniskleidung aus dem Haus ging und abends zurückkam. Und die Wohnung im Parterre gehörte jetzt Lucca.

Eine Woche vor Weihnachten, an einem Tag, an dem es heftig zu schneien begann, war sie eingezogen und seitdem mit nichts anderem beschäftigt gewesen als mit der Renovierung, die sie, da der Abstand, die Mietvorauszahlung und der Umzug ihre Ersparnisse aufgefressen hatten, allein vornahm. Es war nicht viel, was sie in dieser Woche machen konnte, aber, immerhin, sie hatte die Wände und Decken gestrichen, während sie sich die Türen und Fenster, die ebenfalls einen neuen Anstrich verlangten, für später aufhob.

Am ersten Weihnachtstag stand sie früh auf, stellte die Farbtöpfe auf den Hängeboden, rückte die Handwerkskiste neben den Schrank in der Küche und kratzte, so gut es ging, die Farbspritzer ab, die auf den Fensterscheiben festgetrocknet waren. Danach fegte sie die Küche aus, wischte feucht auf, saugte den Teppichboden im Flur und im Wohnzimmer, säuberte die Badewanne, in der sie die Pinsel, Quaste und Farbrollen ausgewaschen hatte, und als sie mit allem fertig war, ließ sie Wasser in die Wanne und nahm ein Bad. Jeder Muskel und jede Sehne taten ihr weh, am rechten Handballen hatte sie eine große Blase, in der sich Flüssigkeit gebildet hatte, am meisten aber schmerzten ihr die Finger, die Schultern und der Nacken, dennoch war sie nun, da die Dreckarbeiten erledigt waren, gelöst und glücklich.

Ihre Eltern wohnten in einer Kleinstadt am nördlichen Rand des Westerwalds, in der sie ein Haus gebaut hatten, das im selben Jahr fertig geworden war, in dem sie das Abitur gemacht hatte und weggezogen war. Sie telefonierten jede Woche miteinander, und drei- oder viermal im Jahr besuchten sie sich. Gleich nach dem Einzug hatte sie ihnen eine Karte geschickt, auf der sie den Weg, den sie fahren mußten, eingezeichnet hatte.

Gegen Mittag – sie hatte gerade die Bücherkisten vor die Regale gerückt, die sie am Nachmittag des Heiligen Abends angeschraubt hatte – hörte sie, wie das Auto in den Hof einbog, und lief ans Fenster. Zuerst stieg ihre

Mutter aus, dann ihr Vater. Er hatte das Auto so nahe am Wegrand geparkt, daß er über die Wiese gehen mußte, bevor er wieder auf den Weg zum Haus gelangte. Bei jedem Schritt setzte er den Fuß vorsichtig in den Schnee und hob ihn umständlich, wie um auf die ihm angetane Schmach hinzuweisen, wieder an.

Lucca drehte sich um, ging hinaus und öffnete die Haustür. Frohe Weihnachten, rief sie, als die beiden herankamen.

Frohe Weihnachten, antwortete ihre Mutter, während ihr Vater, der ein wenig zurückgeblieben war, kräftig aufstapfte und die Schuhe gegeneinanderschlug, um den Schnee abzuschütteln, endlich hob er den Kopf und lächelte ihr zu: Frohe Weihnachten. Kommt herein, sagte Lucca und nahm ihrer Mutter die Tüten ab, eine Plastiktüte und eine aus festem Papier, die auf beiden Seiten mit einem pausbäckigen Weihnachtsmann bedruckt war.

Hierhin hat es dich also verschlagen, sagte ihr Vater, während er den Arm um sie legte. Weißt du, daß ich zweimal an derselben Stelle falsch abgebogen bin, bloß weil die Erfindung von Straßenschildern anscheinend noch nicht bis hierher vorgedrungen ist?

Na hör mal, sagte Lucca, der Weg ist doch leicht zu finden. Ja, erwiderte er, wenn man ihn kennt. Im Treppenhaus blieb er stehen, legte den Kopf in den Nacken und schaute am Geländer vorbei nach oben. Was ist? fragte Lucca. Aber er schüttelte bloß den Kopf und streifte lange die Schuhe an der Fußmatte ab, bevor er eintrat.

Die Türen in der Wohnung standen offen, auch die große Schiebetür zwischen den beiden ineinanderübergehenden Räumen, die Tür zum Schlafzimmer mit dem Einbauschrank, den sie übernommen hatte, und die Tür zur

Veranda, in der sie den Tisch gedeckt hatte. Durch die großen Sprossenfenster sah man die Büsche und Bäume, auf denen der Schnee lag. Die alten Tür- und Fenstergriffe, die Lucca am Heiligen Abend blank gerieben hatte, glänzten matt. Sie hatte keinen Weihnachtsbaum, aber Tannenzweige, die sie in eine Vase gesteckt und in den Durchgang zwischen den beiden großen Räumen gestellt hatte.

Schön, sagte ihre Mutter, als sie die neuen Sessel sah, die breit und schwer in zwei gegenüberliegenden Ecken standen. Ja, sehr schön, bestätigte ihr Vater, ließ sich in einen der Sessel fallen und strich, beinahe zärtlich, mit der Hand über das Leder. Dann stemmte er sich hoch und ging hinaus. Lucca folgte ihm. Das ist die Küche, sagte sie, und hier das Bad. Er nickte, und bevor er in den Flur zurücktrat, hob er die Hand und klopfte gegen eine Kachel, die über einen Sockelrand ragte. Schlampig gemacht, sagte er. Lucca verdrehte die Augen. Ja, sagte er, ist so.

Während seine Frau die Weihnachtstüte auspackte und die kleinen, in grünes Papier eingeschlagenen Päckchen auf den Tisch legte, sah Lucca, wie er an den Fenstern vorbeiging, die Hand davorhielt und, wenn er sie wieder wegzog, traurig lächelte. Die ganze Zeit über schwieg er oder ließ bestenfalls ein leises Schnaufen vernehmen, wenn er verächtlich die Luft ausstieß.

Als sie wieder in die Veranda traten, bückte sie sich und drehte den Hahn auf, der Löwenkopf spie Wasser, das in einem dünnen Strahl in das grüne Becken fiel. Schau, sagte sie.

Er nickte, dann legte er, wie im Treppenhaus, den Kopf in den Nacken, musterte mit zusammengekniffenen Augen die Decke und zeigte auf eine Stelle, die etwas dunkler war, ein Schatten in einer Ecke, in der die Farbe nicht getrocknet war, und ließ wieder dieses verächtliche Schnaufen hören.

Als sie beim Essen saßen, sagte er zu seiner Frau (aber so, daß Lucca klar war, daß er zu ihr sprach), er könnte noch zehn Häuser bauen, aber niemals käme ihm eine Veranda ans Haus, so schön das sei, eine Veranda, so sei sie doch auch, da sie sich nie hundertprozentig abdichten ließ, die Schwachstelle, durch die das Wasser eindringe.

Lucca schaute zum Fenster hinaus, in den Garten. Die Sonne schien, es tropfte von den Bäumen; im Schnee sah sie die Trippelspuren der Vögel.

Und was die alten Bäume angehe, hörte sie ihn sagen, so seien sie zwar schön anzusehen, aber im Sommer, wenn sie erst Laub trügen, würde es noch dunkler in der Wohnung werden, als es schon sei. Vermutlich müsse Lucca dann Tag und Nacht das Licht brennen lassen, schlimmer aber sei, daß sich das Mauerwerk wegen der Bäume, die die Sonne abhielten, nicht erwärmen und austrocknen könne, so daß ihr die Kleider im Schrank zu schimmeln anfangen würden. Nein, das sei keine Kritik an ihr, aber was er nicht verstehe, sei, wie sie darauf kommen konnte, die Wohnung in der Stadt, in der es keine Schmutzstellen, keine überstehenden Kacheln und zugigen Fenster gegeben habe, gegen dieses Loch einzutauschen.

Als Lucca den Kopf wandte, sah sie, daß die Salatteller leer waren. Sie sammelte sie ein und stellte sie aufs Fensterbrett. Dann nahm sie das große Messer, das in einem der Päckchen war, die ihre Mutter aus der Weihnachtstüte genommen hatte, und schnitt das Fleisch an, es war genau so ein Messer, wie sie es sich gewünscht hatte, mit einem schwarzen Griff und einer langen spitz zulaufenden Klinge. Es lag gut in der Hand, und die Klinge senkte sich wie von selbst ins Fleisch. Das Roastbeef war am Rand grau, innen aber zartrosa und in der Mitte blutrot. Ihr Vater beugte sich vor. Ah, sagte er, das ist dir ja wirklich gelungen.

Es war gegen halb fünf, schon dunkel, als Lucca sie wieder zum Auto brachte. Ein leichter Wind ging, der den Schnee von den Bäumen schüttelte, er fiel in großen Placken auf den Weg vorm Haus. Auf einer Tanne im Nachbargarten schaukelten die elektrischen Kerzen, und durch die geschlossenen Fenster im ersten Stock hörte sie die Stimme des Mädchens, auf die seine Mutter antwortete.

Ihr Vater öffnete die Beifahrertür, kroch über den Sitz, ließ den Motor an und setzte das Auto zurück, stieg wieder aus, bückte sich, nahm einen Handfeger, der hinter dem Sitz lag, und fegte die Frontscheibe ab, auf die Schnee geweht war. Dann warf er den Handfeger ins Auto, drehte sich um und zog Lucca in die Arme, die, nachdem sie sich von ihrer Mutter verabschiedet hatte, ums Auto herumgegangen war. Sie spürte seinen Atem an ihrem Ohr, als er *mein Mädchen* sagte, mein kleines Mädchen. Wie um die Rührung, die ihn überkam, abzuschütteln, wandte er sich jäh ab, stieg ein und ließ das Auto rückwärts aus dem Hof rollen. Draußen wendete er und fuhr die Straße hinunter.

Lucca schaute den roten Lichtern nach, und als sie hinter der Kurve verschwunden waren, ging sie ins Haus zurück.

Auf dem Küchentisch standen, bereits abgewaschen, die Teller, Schüsseln und Gläser, das Besteck lag auf der großen Fleischplatte, daneben das große Messer. Sie nahm es und ging ins Wohnzimmer, wo noch immer die durchsichtige Plastikhülle liegen mußte, in der die Klinge gesteckt hatte. Als sie merkte, wie erschöpft sie war, ließ sie sich in einen der riesigen Sessel fallen und schloß die

Augen. Plötzlich fiel ihr der Verkäufer ein, der, um sie von der Strapazierfähigkeit des Möbelstücks zu überzeugen, mit dem Daumennagel ins Leder geritzt hatte. Sie setzte die Messerspitze auf die Lehne und drückte, wie um auszuprobieren, ob er recht gehabt hatte, leicht auf den Griff. Die Polsterung gab nach, aber das Leder hielt stand. Da verstärkte sie den Druck, bis sie merkte, wie sich das Messer ins Leder bohrte, sie erschrak, doch dann drückte sie fester, bis sie die Klinge bis zum Heft hineingestoßen hatte. Sie hielt die Augen noch immer geschlossen und atmete tief ein und aus.

Fingerkuppen

Eine Frau fuhr in der Dämmerung über die Landstraße von Mödling nach Heiligenkreuz, um ihrer Schwägerin eine Medizin zu bringen, die sie in der Homöopathischen Zentraloffizin »Zum roten Krebs« gekauft hatte. Ein Stück hinter Gaaden, an einer Stelle, an der der Wald bis an die Straße heranreichte, sah sie einen Mann auf dem Randstreifen liegen. Nachdem sie schon vorbeigefahren war, hielt sie an, lehnte sich über den Beifahrersitz, stieß die Tür auf und schaute zurück.

Der Mann rührte sich nicht. War er überfahren und liegen gelassen worden? Sie atmete tief durch; stieg aus und ging, sich innerlich auf den Anblick vorbereitend, der sie erwarten mochte, zurück. Doch als sie sich über ihn beugte, sah sie, daß es eine Schaufensterpuppe war, die da lag, und sei es, weil sie die Unversehrtheit des Puppengesichts mehr entsetzte, als es die schlimmste Verletzung getan hätte, sei es, weil sie eine Falle witterte, rannte sie zum Auto, sprang hinein, schlug erst die Fahrertür zu, dann die Beifahrertür und raste los.

In Heiligenkreuz angekommen, wollte sie, immer noch aufgeregt, ihrer Schwägerin, die mit einer Blasenentzündung im Bett lag, erzählen, was geschehen war, als diese sie unterbrach: Um Gottes willen, ihr Gesicht sei voller Blut, auch der Mantel. Die Frau schaute in den Spiegel und erschrak. Während sie sich im Bad Gesicht und Hände wusch, berichtete sie ihrer Schwägerin, die aufgestanden war und in der offenen Tür lehnte, von der Schaufensterpuppe: Weißt du, so eine gewöhnliche Puppe, die gekleidet war wie ein Mann. Obwohl die Schwägerin Fieber hatte, zog sie sich an, und sie stiegen die Treppe hinab, um das

Auto zu untersuchen. Es war ein alter Saab, Baujahr einundsechzig, der Stolz ihres Mannes. Die Schwägerin ging voran. Da ihr linkes Bein ein wenig kürzer war als das rechte, trug sie knöchelhohe orthopädische Schuhe, deren eine Sohle höher war als die andere.

Inzwischen war es dunkel geworden. Als die Frau die Autotür öffnete, ging die Innenbeleuchtung an, und sie sahen Blutspuren auf dem Beifahrersitz und dem Lenkrad; sie kippten die Sitze vor und fanden zwischen Tür und Beifahrersitz, beinahe hätten sie es übersehen, drei Fingerkuppen, die kurz über dem dritten Gelenk abgetrennt waren.

Nachdem sie sich von dem Schreck erholt hatten, hinkte die Schwägerin ins Haus und kam mit einer Pinzette zurück. Sie beugte sich ins Auto, hob die Fingerkuppen auf und warf sie in einen kleinen Plastiksack, den sie aus ihrem Mantel zog. Dann schaute sie sich um, ging zum Haus und stopfte ihn in den Mülleimer, der neben der Kellertür stand. In der Wohnung zurück, schnitt sich die Frau mit einem Küchenmesser in den Handballen, um ihrem Mann erklären zu können, woher das Blut auf dem Beifahrersitz stammte. Er war ein nüchterner Mann mit einem scharfen Verstand, und sie fürchtete, daß er ihr weder die Geschichte mit der Schaufensterpuppe noch die mit den Fingerkuppen glauben würde. Daran, daß es schwierig sein würde, ihm zu erklären, wie man sich beim Autofahren in die Hand schneiden konnte, dachte sie nicht.

Vom Kloster, das nur wenige Straßen entfernt lag, klangen die Glocken herüber. Es war sechs. Sie schaute auf und sah, daß es zu schneien begonnen hatte. Die Schwägerin träufelte die homöopathischen Tropfen auf einen Teelöffel und schluckte sie mit gläubigem Gesicht herunter. Im Kloster wurde Wein angebaut. Im Gasthaus, das zum Kloster gehörte, saß der Geliebte der Frau. Sie war mit ihm verabredet, sie trafen sich oft dort. Die Schwägerin, die sich wieder hingelegt hatte, wußte von der Beziehung und billigte sie. Mein Geliebter, dachte die Frau, wie sich das anhört. Er war Restaurator und besserte die Wandgemälde in der langgestreckten Hauptkirche aus. Die Gegend langweilte ihn, abends trank er Prälatenwein. Sie hatte ihn nach einem Konzert, das sie zusammen mit ihrer Schwägerin besuchte, kennengelernt. Sobald seine Arbeit hier beendet war, würde er in die Stadt, aus der er kam, zurückkehren, nach Hamburg.

Du mußt gehen, sagte die Schwägerin, der Maler wartet. Aber die Frau wollte nicht. Sie fürchtete sich vor der Dunkelheit. Dann ruf ihn an, sagte die Schwägerin. Die Frau blickte zum Telefon, das zwischen den Nachschlagewerken, die die Schwägerin für ihre Arbeit brauchte, auf einem Regal neben dem Schreibtisch stand, und rührte sich nicht. Der Hörer war aus Kunststoff, wie das Gesicht der Puppe, glatt und unberechenbar.

Die Wohnung der Schwägerin, eigentlich nur ein großes Zimmer, eine Küche, ein nachträglich eingebautes Bad, lag im ersten Stock einer Villa, die 1903 als Sommerhaus errichtet worden war. Die Frau dachte daran, wie die Frauen damals in weiten Röcken auf dem hölzernen Balkon gesessen hatten, der sich ums Haus herumzog. Das waren heitere Sommer. Damals hatte das Gelb der Klosterkirche, deren Turm man vom Fenster aus sah, heller geleuchtet als heute. Sie hätte gern hier gelebt, allein. Ihr Mann würde in Wien arbeiten und nur an den Wochenenden Zeit haben, herauszukommen. Dann würde sie ihm vorschlagen, zum Jagdschloß Mayerling zu fahren, um sich von den Karmeliterinnen das Zimmer zeigen zu lassen, in dem der Kronprinz mit der, wie hieß sie noch,

Selbstmord begangen hatte. Die Abende wären sanft und ohne Verantwortung.

Die Kranke lag im Bett und beobachtete die Gesunde. Sie haßte es, krank zu sein. Jeder Tag, den sie im Bett zubrachte, war für die Arbeit verloren. Sie übersetzte Bücher aus dem Spanischen und konnte es sich nicht leisten, die Zeit im Bett zu vertrödeln. Und doch nahm sie lieber die Mittel aus der Homöopathischen Zentraloffizin als die schnell wirkenden Antibiotika, die ihr der Arzt verschrieben hatte. Der Glaube daran, daß die natürlichen Mittel besser seien als die aus den Giftküchen der Pharmaindustrie, war ein Vermächtnis ihrer Mutter, einer seltsamen Frau, die zeitlebens vegetarisch gekocht hatte und heute, steinalt, in einem abgelegenen Winkel des Burgenlands lebte, allein in einem verfallenden Haus, in dem sie Traktate über die Vergänglichkeit alles Irdischen verfaßte und die daraus abzuleitenden Verhaltensmaßregeln. Zum Beispiel sollte man einen Kirschkern eingraben. Warum? Damit sich die Seele dessen, der ihn im Mund gehabt hatte, mit dem Erdreich verbinden könne. Der Kern würde in der Erde aufgehen und zum Baum heranwachsen, der wiederum Kirschen trüge. Die Seele würde in den Zweigen leben und, wenn der Wind hindurchwehte, zu singen anfangen und so die Lebenden daran erinnern, daß ihre Zeit begrenzt sei. Im übrigen sei das Gute gut und das Schlechte schlecht, und man töte aus Freßsucht keine Tiere.

Die Kranke schwitzte, das Licht tat ihr weh, es stach ihr in die Augen. Schon lange wollte sie die Deckenlampe tiefer hängen. Aber sie war nicht gut auf den Beinen, beim Gehen schwankte sie hin und her, die Decke war hoch, sie fürchtete sich davor, auf die Leiter zu steigen. Der Maler, wenn er kommt, soll die Lampe tiefer hängen. Sie nannten den Restaurator den Maler, um den Abstand zwischen ihnen zu betonen. Sie hatte damit begonnen, und die Frau ihres Bruders hatte das Wort übernommen. Mit dieser jungen Frau, die jetzt im diffusen Licht teilnahmslos auf dem Stuhl saß und mit den Händen spielte (vorsichtig, als fürchtete sie um ihre Finger), verband sie etwas, das sie nicht in Worte fassen konnte. Oder wollte. Sie besaß die Leichtigkeit, die ihr fehlte. Sie war die Ältere, die Verständige. Als Kind war ihr von der Mutter die Verantwortung für den jüngeren Bruder übertragen worden, und jetzt übernahm sie die Verantwortung für dessen Frau. Das war ihre Rolle. Sie hatte sich, ohne bitter zu werden, daran gewöhnt. Ihre Hilfsbereitschaft war ausgenutzt worden, und nun nutzte sie das schlechte Gewissen ihres Bruders aus, der nicht wußte, woher es kam, während sie es genau wußte, es aber vermied, ihn darüber aufzuklären. Da sie von ihren Übersetzungen nicht leben konnte, war sie auf seine Unterstützung angewiesen. Wenn er sie besuchte (selten genug), ging er, die Hand schon in der Innentasche seiner Jacke, durchs Zimmer, schaute sich um, holte dann einen Scheck hervor und schob ihn unter die Papiere auf ihrem Schreibtisch. Wenn sie protestierte, legte er den Finger auf den Mund und sagte: Psst. Wie kränkend das war. Einmal, wenn sie genug verdiente, würde sie hier wegziehen, nicht nach Wien, wie ihr alle rieten, sondern nach Barcelona. Ja, sobald die Lampe richtig aufgehängt war und das Fieber vorbei. Dieses Fieber (oder war es gar kein Fieber?), das sie daran hinderte, dieser leichtfüßigen jungen Frau, die auf dem Stuhl saß und ihre Finger betrachtete, als sähe sie sie zum ersten Mal, zu sagen, daß es Zeit sei, sie müsse gehen, der Maler warte, drüben im Gasthaus.

Da, in ihre ineinanderfließenden Gedanken hinein, sagte die junge Frau: Ich bleib hier. Wenn du erlaubst, bleib ich heute nacht hier.

Die Frau hatte noch nie bei ihrer Schwägerin übernachtet. Sie mochte sie, aber sie konnte sich nicht vorstellen, mit ihr im selben Zimmer zu schlafen. Sie ging mit dem Maler in die Wohnung, die ihm vom Kloster gestellt wurde, zwei Räume über dem Gasthaus, und fuhr in der Nacht zurück. Am meisten liebte sie ihn, wenn sie über die leere Straße fuhr, bergab, allein mit sich, das Fenster war ein Stück heruntergekurbelt, der Fahrtwind schoß herein, ihre Gedanken waren bei ihm, und wenn sie vor Mödling die Föhren auftauchen sah, die wie Giftpilze aus dem Boden wuchsen, spürte sie die Anstrengung, die es sie kostete, nicht umzukehren. Sie parkte vorm Haus und warf einen Blick in den Rückspiegel. Dann schloß sie leise die Tür auf und schlich sich hinein. Ihr Mann lag auf seiner Seite des Betts und schlief; so fühlte sie sich auch noch um ihre Angst betrogen. Er kam gar nicht auf die Idee, daß sie einen anderen lieben könnte als ihn. Er war Rechtsanwalt, seine Kanzlei lag in Wien. Morgens fuhr er in die Stadt und kam abends zurück. Er liebte seine Kinder (besonders das Mädchen), und sie zog sie auf. Aber da sie die Kinder ebenfalls liebte, fühlte sie sich deshalb nicht unnütz. Sie wurde nie ungeduldig, zumindest nicht so, daß die Kinder es merkten. Sie waren acht und elf Jahre alt. Sie hatte nie daran gedacht, ihren Mann zu verlassen. Seit sie verheiratet waren, hatte sie kein einziges Mal mit einem anderen Mann geschlafen. Der Maler war der erste.

Nach dem Konzert in Mödling hatte er auf der Treppe des Gemeindehauses gestanden. Er hatte die Hände in seiner Cordhose und schaute zu, wie die Leute ins Auto stiegen. Als sie durch die Bahnhofstraße fuhren, sahen sie ihn wieder. Er ging nahe an der Bordsteinkante entlang, fast schon auf der Straße. Hin und wieder blickte er sich um.

Komm, halt an, sagte die Schwägerin, wir nehmen ihn mit. Sie war ihm, ohne ihn zu kennen, ein paarmal in Heiligenkreuz begegnet. Die Frau hielt. Er stieg ein. Und als sie aus Mödling heraus waren, drehte sich die Schwägerin zu ihm um, fragte, wo er wohne. Im Kloster. Wie? Ja, im Kloster. Als sie oben angekommen waren, lud er sie ins Gasthaus ein. Es war kurz nach zehn und noch hell. Im großen vergitterten Bassin vorm Eingang schwammen die Forellen. Der Wirt führte sie zu einem Tisch am Fenster und fragte, was er dem Herrn Restaurator bringen dürfe. Eine Flasche Prälatenwein.

Als sie eine Woche danach unter dem Vorwand, ihre Schwägerin zu besuchen, nach Heiligenkreuz fuhr, stellte sie das Auto auf dem großen Platz vorm Kloster ab und ging durch den Torbogen in den Innenhof mit den Platanen. Das Portal der Hauptkirche stand offen, der Zugang aber war durch ein Seil, das in Kniehöhe gespannt war, versperrt. Die Frau, die wissen wollte, wie die Arbeit eines Restaurators aussah, stieg darüber hinweg und ging durch die Kirche. Der Restaurator kniete auf einem Gerüst, das im Seitenschiff aufgebaut war; sie sah nur seinen Rücken, seinen gesenkten Kopf.

Sie beobachtete ihn, ohne sich bemerkbar zu machen, bis er sich umdrehte und sie sah. Er kletterte die Leiter herab. Danach gingen sie in den Hof und setzten sich auf die Umfassung der Pestsäule, einen niedrigen Eisenzaun. Es war warm, über den Hof schlenderten Gruppen von Besuchern, die die Sehenswürdigkeiten betrachteten. Vorm Portal blieben sie stehen, drängten sich an das gespannte Seil und blickten ins Kirchenschiff.

Haben Sie das Auto dabei? fragte er. Sein Gesicht war von einer feinen weißen Staubschicht überzogen. Als sie nickte, bat er sie, einen Moment zu warten, sprang auf und lief zum Gasthaus, und als er zurückkam, hatte er sich gewaschen und umgezogen.

Sie fuhren über den Berg nach Mayerling. Die Fenster standen offen, die Luft roch nach frisch gemähtem Gras, das, zu Haufen zusammengerecht, auf den Wiesen lag. Hier haben sie sich also getroffen, sagte er als sie ausstiegen, und schaute sich um. Durch diese Wälder sind sie gegangen, dann haben sie sich ins Zimmer zurückgezogen, den Riegel vorgelegt und sich erschossen.

Am Abend saßen sie zusammen mit der Schwägerin im Gasthaus. Bleib doch da, sagte sie, als er zur Toilette ging. Es schien, als habe sie die Probleme, die sich aus einem Verhältnis mit dem Fremden ergeben könnten, überdacht und sei zu dem Ergebnis gekommen, daß sie vertretbar seien. Da er im selben Moment zurückkam, schüttelte sie bloß den Kopf, doch als sich die andere gegen elf verabschiedete, war sie sitzen geblieben, später mit ihm in seine Wohnung gegangen und erst gegen Morgen nach Mödling zurückgefahren.

Die Frau stand auf und trat ans Fenster. Die Straßenlaternen warfen ein gelbes Licht. Der Schnee fiel in großen Flocken am Fenster vorbei: Er bedeckte die Vorgärten, die Wege, die Straßen und Autos, die unten geparkt waren. Vorm Haus war es hell, aber es war ihr, als wartete dahinten, wo das Licht nicht hinreichte, jemand auf sie, dessen einer Hand drei Finger fehlten. Als das Telefon klingelte, schreckte sie zusammen. Es war ihr Mann. Sie hörte seine aufgeregte Stimme. Er riet ihr, in Heiligenkreuz zu bleiben. Er habe den Wetterbericht gehört, die Straßen seien eingeschneit, ohne Schneeketten sei kein Durchkommen, und sie habe noch nicht einmal die Winterreifen aufziehen lassen. Sie ging auf seinen Vorwurf nicht ein, sondern sagte nur: Dann bis morgen. Und hängte ein.

Leg dich doch hin, sagte die Schwägerin, die vom Telefon wach geworden war.

Sie klappte das Sofa aus, breitete ein Laken darüber und ging ins Bad. Als sie zurückkam, war die Schwägerin wieder eingeschlafen. Unter dem Bett sah sie, ordentlich nebeneinander, ihre bis über die Knöchel reichenden schwarzen orthopädischen Schuhe. Sie legte sich hin und wickelte sich in die Wolldecke, die sie im Sofakasten gefunden hatte. Unten fuhr ein Auto vorbei, die Räder surrten im Schnee, die Scheinwerfer wanderten durchs Zimmer. Es kam ihr dumm vor, wie vergeudete Zeit, daß sie hier lag, während der Maler, keine hundert Meter weiter, im Gasthaus saß und auf sie wartete. Er sollte sie abholen. Sie schaltete das Licht ein, stand auf, nahm das Telefon und wählte die Nummer, die sie auswendig kannte. Da er es in seiner Wohnung nicht aushielt (sie war ihm zu eng, die Decken zu niedrig, die Fenster zu klein), hatte ihm der Wirt einen Schlüssel zum Schankraum überlassen. Er konnte so lange dort sitzen, wie er wollte. Sie hörte das Rufzeichen, aber niemand hob ab. Dabei war es noch früh, vor Mitternacht.

Die Schwägerin begann zu husten, verschluckte sich und mußte noch heftiger husten.

Bist du wach? fragte die Frau, aber die andere antwortete nicht.

Da legte sie sich wieder hin, schloß das Kissen, das sie ebenfalls im Kasten gefunden hatte, in die Arme und dachte daran, wie sie über Land gefahren waren, nach Raisenmarkt, Sulz und Pottenstein, lauter Namen, die ihr nichts sagten. Er saß in seiner Cordhose neben ihr, deutete mit dem Finger auf die Karte, die auf seinen Knien lag, und befahl: Da will ich hin. Und wenn sie hinkamen, war da nichts außer einer Ansammlung von Häusern, die für die Dauer seiner Anwesenheit Bedeutung gewannen und, wenn er sie bat, weiterzufahren, wieder in ihrer Bedeutungslosigkeit versanken, aus der sie erst erlöst wurden, wenn er sie bat, ein zweites Mal mit ihm dort hinzufahren. Dann war ihm eingefallen, daß er vergessen hatte, eine bestimmte Kreuzung zu fotografieren oder einen Hausgiebel, der für seine Erinnerung wichtig war.

Ständig hatte er seine Kamera dabei, seinen Zeichenblock, sein Notizbuch. Er sammelte – wie andere Briefmarken – Bilder. Meine Vergangenheit, sagte er, während er darauf zeigte. Er legte sich einen Vorrat von Erinnerungen an. Das stieß sie ab. Andererseits war nichts dagegen einzuwenden. Im Gegenteil. Man verlor ja alles und würde, wenn man nicht vorsorgte, im Alter ohne Vergangenheit sein. Sie würde das sein, ihr Mann und mit Sicherheit ihre Schwägerin, die nichts anderes kannte als ihre Übersetzungen und die Lexika, die sie dafür brauchte. Er aber kam herum, hielt, was er sah, auf Bildern fest und machte die Erinnerung so haltbar. Bevor er sie fotografierte, bat er sie, eine bestimmte Haltung einzunehmen, und während sie seinen Anweisungen folgte, wußte sie, daß er sich einmal so und nicht anders an sie erinnern würde. Wenn er sie durch den Sucher betrachtete, fühlte sie sich wie ein Hausgiebel oder ein Stück Landschaft. Er hatte begonnen, Landschaftsfotografien zu machen, indem er sich um sich selbst drehte und auf den Auslöser drückte. So entstanden zehn, zwölf Bilder, die er so aneinandermontierte, daß sie ein Panorama ergaben, und dazwischen der winzige Punkt, das war sie. Das war es, was sie kränkte. Deshalb mochte sie diese Panoramen nicht, man war nichts. Bestenfalls nickte sie, wenn er sie ihr zeigte, während ihre Schwägerin (die mit Lob sonst zurückhaltend war) die Bilderreihen bewunderte.

Manchmal glaubte sie, daß diese ihr etwas verheimliche. Was war an den Abenden, an denen sie zu Hause festgehalten wurde? Trafen sie sich dann und redeten über sie? In der gleichen ironischen Art, in der sie es manchmal in ihrer Gegenwart taten? Paßte die Schwägerin, die so viel sicherer war als sie, nicht viel besser zu ihm? Die ließ sich von seiner Unberechenbarkeit nicht ins Bockshorn jagen. Wenn sie zu dritt waren, spürte sie zwischen den beiden ein Einverständnis, das sie ebenfalls kränkte. Als sie die Schwägerin darauf ansprach, vorsichtig, als ginge es bloß darum, eine allgemeine Beobachtung mitzuteilen, beugte die sich vor, löste den Schnürsenkel, streifte unter Ächzen den Schuh mit der dicken Sohle vom Fuß und erwiderte, während sie sich wieder aufrichtete: Weißt du, auf mich brauchst du nicht eifersüchtig zu sein. Einer wie der sucht sich andere, denen er imponieren kann.

Diese Bemerkung hatte sie verletzt, weil sie ihr zeigte, wie wenig sie in den Augen der Älteren galt. Sie war also eine, der man imponieren konnte. Aber da sie dahinter auch die Verletztheit der anderen spürte, die allein lebte, hatte sie es dabei bewenden lassen. Erst später, als sie schon wieder im Auto saß, war ihr die Mehrdeutigkeit der Bemerkung aufgegangen. Andere? Sollte das heißen, daß es doch jemanden gab, auf den sie hätte eifersüchtig sein können?

Sie wußte, daß er, von einer Unruhe getrieben, die ihr fremd war, abends durch die Gasthäuser zog. Er trank so viel, daß Anfragen an die Klosterleitung gerichtet worden waren, ob es gerade dieser Restaurator sein müsse, der die Wandmalereien in der Hauptkirche ausbessere; man fürchtete, er könnte der Jugend ein schlechtes Beispiel geben. Das war natürlich lächerlich. Andererseits wußte sie, wie sehr er die Aufmerksamkeit, die ihm entgegengebracht wurde, brauchte, wobei es unwichtig war, ob sie in Bewunderung oder Ablehnung bestand. Er betrachtete sie als Abwechslung von der Arbeit auf dem Gerüst, die ihn aushöhlte. Sie war etwas, das ihm, wie er meinte, zustand. Sie konnte es den jungen Leuten, mit denen er sich betrank, nicht verdenken, wenn sie in der Grobheit, mit der er auf alles schimpfte, eine Kraft sahen, die die Enge, unter der sie litten, sprengte. Den jungen Leuten? Den jungen Mädchen natürlich, den älteren Schülerinnen. War es das, was die Schwägerin meinte, als sie gesagt hatte: Er sucht sich andere, denen er imponieren kann?

Sie selbst stellte sich seine Arbeit alles andere als langweilig vor. Wenn er über die Ödnis klagte, von der er umgeben sei, verstand sie ihn nicht. Woher seine Unzufriedenheit? War denn nicht, beinahe jedenfalls, alles in Ordnung? (Zu einem Leben, wie sie es sich vorstellte, bedurfte es nur ein paar winziger Korrekturen: ein bißchen mehr Zeit für sich, etwas mehr Geld.) Und war er denn in all dem nicht bestens aufgehoben? Er blieb sich doch selbst nahe, während sie sich zunehmend von sich entfernte.

Und im übrigen: Waren sie nicht alle geschädigt, ausgelaugt, weit weg von der Vorstellung, die sie einmal von sich gehabt hatten? Sie, ihr Mann und sogar ihre Schwägerin, die sich von allen, die sie kannte, am ähnlichsten geblieben war? Mußte gerade er sich aufführen, als sei er betrogen worden? Er war doch frei, zu tun, was er wollte. Not (die Einbindung in die Interessen anderer, wie sie Not verstand) mußte jemandem, der keine Familie hatte, fremd sein. Und doch gefiel er sich darin, anderen Ideen in den Kopf zu setzen, die sie in die tiefsten Konflikte stürzen mußten. Wenn er einmal hier wegging, hinterließ er nichts als Verwirrung, während sie, selbst wenn sie gewollt hätte – aber sie wollte ja gar nicht. Seinetwegen würde sie ihren Mann und die Kinder nicht verlassen. Sie würde, wenn seine Arbeit hier beendet war (der Tag war nicht fern), nicht mit ihm nach Hamburg ziehen, auch wenn er sie, ohne großen Nachdruck, manchmal darum bat.

Ihm, der aus einem krankhaften Bedürfnis heraus in Masken schlüpfte, um sie zu erschrecken, der, wenn sie durch den Mayerlinger Forst gingen, plötzlich wie tot umfiel, die Augen verdrehte und auch dann nicht aufstand, wenn sie ihn darum bat, sondern tatsächlich zu erstarren schien und blaß und fleckig im Gesicht wurde, während sich seine Hände in den Waldboden krampften, war nicht zu trauen. Auch nicht, wenn er danach neben dem Auto, zu dem sie zurückgegangen war, auftauchte, sie in den Arm nahm und sagte: Mein Herz, oder etwas Ähnliches, das aus dem Mund eines anderen, ihres Mannes etwa, zärtlich geklungen hätte, aus seinem aber bloß ironisch. Sie war in seiner Gegenwart ständig auf der Hut, überall fürchtete sie Fallen.

Sie war sicher, daß er sie selbst dann noch beobachtete, wenn er wie tot dalag und die Augen verdrehte. Und doch machte sie seine Umarmung innerlich weich. Weich und hinterhältig, denn sie vergaß ihm die Angst nicht, die sie seinetwegen ausstand. Wenn sie weiterfuhren, drehte er mit seinen kräftigen Händen an den Knöpfen des Autoradios, die Fingernägel voller Dreck, und dann dachte sie, daß sie es ihm heimzahlen würde. Irgendwann würde sie ihm mit der gleichen Rücksichtslosigkeit begegnen, die er ihr gegenüber an den Tag legte. Und zugleich konnte sie nicht verhindern, daß sie sich wünschte, die Hände, die mit den Knöpfen des Radios beschäftigt waren, strichen über ihre Beine, ihren Bauch.

Sie schlief ein und träumte von den Straßen, die sie mit ihm gefahren war. Er stand an der Böschung, eine Schaufensterpuppe im Arm, und winkte. Da sie nicht anhalten wollte, drohte er ihr mit einem Messer, das an einem silbernen Kettchen von seinem Gürtel hing. Sie hielt, er klappte das Messer auf und schnitt ihr in den Handballen, langsam und überlegt. Das Blut quoll hervor, sie sahen, wie es auf den Waldboden tropfte, auf die Fächer der Farne, die im Wind zitterten.

Was schreist du denn so? fragte die Schwägerin. Das Bett, man muß ein Handtuch unterlegen, rief die Frau. Du träumst, sagte ihre Schwägerin. Da wachte sie auf und wischte sich über die Stirn.

Sie blieb jetzt, auf dem Rücken liegend, wach. So war es also, dachte sie. Er war es, der die Puppe an den Straßenrand gelegt hat. Da sie verabredet waren, wußte er, wann sie an dieser Stelle vorbeikommen würde. Er hatte damit gerechnet, daß sie hielt, um dem Verletzten zu helfen. Während sie sich über die Puppe beugte, wollte er vermutlich ins Auto steigen, um bei ihrer Rückkehr wie selbstverständlich dazusitzen. Servus, da bin ich. Womit er nicht gerechnet hatte, war ihre Panik.

Sie stand auf und ging ins Bad. Die Schwägerin rief etwas vom Bett her, aber sie verstand nicht, was es war. Sie zog sich rasch an und tastete sich, da sie den Lichtschalter nicht gleich fand, im Dunkeln die Treppe hinab.

Ihr Auto stand unter einer dicken Schneehaube vor der Tür, sie ging im Bogen darum herum und lief zum Kloster hinüber. Wenn es so war, wie sie dachte (und es mußte so sein), wenn er sich, als er sie zurückkommen sah, hinter das Auto geduckt hatte, wenn er eine Hand schon im Auto gehabt hatte, als sie die Tür zuschlug, war er es, den sie verstümmelt hatte. Sie kam an der Pestsäule vorbei, an der der Schnee klebte. Sie ging jetzt langsamer, und plötzlich dachte sie: Er wird nicht mehr arbeiten können, eine Weile zumindest. Und nun war alles anders. Sie würde mit ihm nach Hamburg ziehen, sich eine Stelle suchen und für ihn sorgen. Im Gasthaus brannte kein Licht mehr, sie klopfte gegen die Tür. Als der Wirt öffnete, zwängte sie sich an ihm vorbei, lief die Treppe hinauf und drückte die Klinke herab. Die Tür war verschlossen.

Was ist denn? hörte sie ihn nach einer Weile rufen. Ich bin's, rief sie zurück. Wer? fragte er. Dann, wieder nach einer Weile: Wo kommst du jetzt her? Aber er machte nicht auf. Statt dessen hörte sie eine Bewegung hinter der Tür, Flüstern, Schritte. Oder täuschte sie sich? Er sprach flüsternd und bekam flüsternd Antwort. Da drehte sie sich um und stieg die Treppe hinab, die Haustür war noch offen. Morgen würde sie nach Mödling zurückfahren und Winterreifen aufziehen lassen.

Gnädigste, sagte einer, der aus der Dunkelheit vor ihr auftauchte. Wissen Sie, was das ist? Und hielt ihr die Faust vors Gesicht.

Am nächsten Morgen erzählte ihr die Schwägerin, die trotz ihrer Krankheit schon auf den Beinen war, was sie von ihrer Putzfrau, einer Slowenin, die vorbeigekommen war, um zu fragen, ob sie etwas brauche, gehört hatte. In der Nacht seien drei Männer in die Wohnung des Malers eingedrungen und hätten ihn halb totgeschlagen. Ob sie rübergehen sollten, um nach ihm zu schauen? Als sie den Kopf schüttelte, sagte die Schwägerin: Dann geh ich allein, setzte sich aufs Bett und zog die Schuhe mit den unterschiedlich hohen Sohlen an.

Geh du nur, dachte sie und stellte sich ans Fenster. Gleich darauf hörte sie die Schritte der anderen auf der Treppe.

2

Das erleuchtete Fenster

Nach der Regatta

Lassen Sie mich, bevor ich weiter muß, von drei Frauen erzählen, die sich, soviel ich weiß, nicht kennen und die auch nichts miteinander gemein haben außer dem Vornamen, den ich aber verschweige, da er hier nichts zur Sache tut.

Die erste war eine so schmale Person, daß sie sich hinter einem Strommast verstecken konnte, und sie nahm in der Zeit, in der ich sie besuchte, weiter ab, behauptete aber, tüchtig zu essen, ja, erzählte vor allem vom Essen, von den riesigen Portionen, die sie eben hinuntergeschlungen hätte, so daß sie, wenn die Speisen aufgetragen wurden, immer schon satt war. Ihre Finger waren so zartgliedrig, daß ich ihr die Teetasse nur halb einschenkte, aus Furcht, sie könnten ihr abbrechen, wenn sie das Gewicht der vollen Tasse tragen müßten. Hob sie, um das feine Haar aus dem Gesicht zu streichen, vor einer Lampe die Hand, konnte man durch sie hindurchsehen wie durch einen Libellenflügel, und wie man in einem Libellenflügel das filigrane Geflecht des Stützgewebes sieht, sah man in ihrem Handteller die dünnen Verstrebungen der Mittelhandknochen. Unter dem leichten Stoff, den sie für ihre Kleider bevorzugte, zeichneten sich die Schulterblätter wie Flügel ab. Hörte ich abends den Wind an den Fensterläden rütteln, rief ich gleich bei ihr an, um mich zu vergewissern, daß sie zu Hause sei, denn immer sorgte ich mich, daß sie von einer Böe überrascht und weggetragen werden könnte.

Dabei ging sie selten aus, auch wenn sie gern von gewaltigen Märschen erzählte, die sie erst kürzlich in einem rauhen Gebirge unternommen hätte. Kostbar und feingewirkt wie ihr seidener Bettüberwurf, hauste sie zwischen Büchern, Porzellanpuppen und dünnwandigen Glasgefäßen, in denen getrocknete Blumensträuße standen, die, spröde und bei der leisesten Berührung vom Zerfall bedroht, mit den matten Farben der Vergänglichkeit prunkten. In einem weißen Emaileimer, dessen Oberrand angestoßen war, wuchs neben der Balkontür eine junge Birke, die zu ihrem Kummer von Läusen befallen war; jeden Abend sprühte sie die Pflanze mit einer Giftlösung ein, die sie auf ein Gerät zog, das einer Pumpe ähnlich sah; sie hatte es im gleichen Antiquitätenladen erworben, in dem sie nach dickbäuchigen Tassen, alten Stoffen und Büchern stöberte. Die Läuse rollten sich zusammen und fielen tot auf den Boden, aber am nächsten Morgen waren neue Läuse da, die an dem Bäumchen fraßen und es klein und kümmerlich hielten.

Auf dem Biedermeier-Sekretär, in dessen linker unterer Schublade ein Zertifikat lag, das die Echtheit des Möbels bestätigte, waren die Papiere so verteilt, daß es stets aussah, als sei eine Schreibarbeit eben unterbrochen worden, und an der Wand über dem Sofa hingen dunkel lackierte ovale Holzrahmen unterschiedlicher Größe mit braungetönten, zum Rand hin verblassenden Photographien, die schnauzbärtige Männer zeigten und Frauen, die lange, in der Taille geschnürte Kleider trugen und auf hochlehnigen Stühlen saßen.

Die Anordnung auf den Bildern war immer gleich: Der Mann stand neben dem Stuhl und legte eine Hand auf die Schulter der Frau, und beide, Männer und Frauen, hatten einen ebenso hochmütigen wie leeren Ausdruck in den Augen. Fragte man, wer diese seien, murmelte sie etwas von Großonkeln und Großtanten; dabei drehte sie das Gesicht weg, damit man ihr die Lüge nicht ansehe, denn tatsächlich stammten die Bilder wie die Holzrahmen, in denen sie steckten, aus Antiquitätenläden oder aus den Grabbelkisten von Flohmarktständen. Zwischen diesen Bildern einer imaginären Verwandtschaft hingen die lasziven Mädchenphotographien des Lewis Carroll und neben diesen wiederum Kinderbilder der jungen, immer dünner werdenden Frau, auf denen sie zu sehen war, wie sie im weißen Kleidchen auf einer weiten Wiese saß, über der man sich das Gesumme von Sommerfliegen und den lautlosen Flügelschlag der Schmetterlinge vorstellen konnte.

Die andere hatte breite Backenknochen und legte, wenn man ihr gegenübersaß, einen Finger auf die Oberlippe, so daß man sich unwillkürlich fragte, was sie darunter zu verbergen habe – eine Hasenscharte, einen Oberlippenbart? Sobald sie zum Weinglas griff, sah man, daß sie nichts zu verbergen hatte. Aber kaum hatte sie das Glas abgestellt, legte sie wieder einen Finger auf die Oberlippe, so daß man unsicher wurde, ob sie nicht vielleicht doch etwas zu verbergen hätte, und deshalb darauf lauerte, daß sie wieder zum Glas griff und, sobald sie es tat, ungehörig auf ihre Lippe starrte, die, wie man gleich sah, tadellos war – wodurch sie aber, weil man so schamlos gestarrt hatte, anscheinend glaubte, man habe darauf etwas bemerkt, das dort nicht hingehöre, so daß sie zwei Finger auf die Oberlippe legte, den ersten, um sie zu verdecken, und den zweiten, um unter dem Schutz des ersten daran zu kratzen.

Wenn man ihr die Hand wegnahm, weil einen das Gekratze störte, legte sie die andere Hand über den Mund, so daß einem, wollte man ihr Gesicht nicht nur von der Nasenspitze an aufwärts sehen, nichts anderes übrigblieb, als ihr zuzuprosten. Man wurde mit ihr schnell betrunken, und am Ende schlug sie beide Hände vors Gesicht, so daß man von ihr nur noch die Rückseite der Hände sah, die das Gesicht vom Haaransatz bis zum Kinn wie einen Ball umfaßt hielten.

Die dritte setzte beim Gehen die Füße nach außen und drückte den Rücken durch wie eine Ballettänzerin. Sie neigte zur Fülligkeit, aber das Fett wuchs ihr, wie jemand sagte, an den richtigen Stellen, so daß man sie nicht für dick, sondern für üppig ansah; sie hatte etwas Auswucherndes, Pralles, das sie noch durch enganliegende, jede Rundung nachzeichnende Kleider, in die sie manchmal wie eingenäht wirkte, betonte; man nahm es belustigt zur Kenntnis. Drängte sie sich an einen, und das tat sie gern, wenn sie damit anderen signalisieren konnte, daß sie auf vertrautem Fuß mit einem stehe (es waren, von mir abgesehen, immer Leute, an die sie sich drängte, mit denen auf vertrautem Fuß zu stehen das Ansehen hob), spürte man etwas Weiches am Arm, an der Brust, überall da, wo sie einen mit ihrem Körper berührte; legte man ihr aber, spaßeshalber auf die Annäherung eingehend, die Hand auf den Rücken, merkte man, wie steif sie sich hielt, und glaubte zu wissen, daß sie aus dem Rücken lebte wie andere aus dem Kopf.

Wenn sie in heiterer Stimmung war, konnte sie sich leicht, ja, tänzelnd bewegen und mit ausgreifenden Schritten und Schwung in den Hüften den Raum durchqueren, so daß man ihr unwillkürlich nachschaute; war sie aber niedergeschlagen, stand sie plump herum, wie auf platten Füßen, und ihre Kleidung, die sie sonst fest umschloß, hing schlaff herunter, als sei sie, die Üppige, plötzlich geschrumpft.

Sie lebte allein, und ihre Mutter, die sie an jedem Wochenende anrief, äußerte sich manchmal besorgt darüber, daß sie, die Tochter, obwohl über dreißig, noch immer unverheiratet sei; darüber lachte sie, und wenn sie gut gelaunt war, wiederholte sie die Worte der Mutter vor ihren Freunden, damit auch diese etwas zum Lachen hätten. Die Mutter bewahrte in mindestens zwölf Gläsern Zutaten auf, die ihr für eine gesunde Ernährung notwendig erschienen. Da sie als Kind damit traktiert worden war, grauste der Tochter vor diesen Flocken, Nüssen und Keimlingen, die grau, trocken und wie angestaubt in den gläsernen Einwecksärgen ruhten. Aber als die Mutter gestorben war, brachte sie es nicht übers Herz, sich davon zu trennen, und stellte die Gläser in ihre Küche, auf das obere Regalbrett.

Damals kochte sie noch, wenn auch nicht gut. Auf der Suppe schwammen die Fettaugen, das Fleisch, das sie zubereitete, war entweder halb roh oder es zerfiel, wenn man nur mit der Gabel hineinstieß, und war doch immer gleich gewürzt, wie für Magenkranke, wenn auch mit viel Knoblauch, da sie es für eine ausgemachte Sache hielt, daß das Geheimnis der Kochkunst in der reichlichen Beimischung von Knoblauch bestünde; das Gemüse schmorte ihr leicht zu einer farblosen Masse zusammen, zum Nachtisch reichte sie Eis, das sie aus dem Plastikbecher, in dem sie es gekauft hatte, in eine blumenverzierte Porzellanschüssel stülpte und mit einer roten Soße übergoß, die mal nach Himbeeren, mal nach Kirschen schmeckte. Wenn sie Gäste eingeladen hatte, sah sie, wie diese auf den Tellern herumstocherten und sich Blicke zuwarfen, die sie nicht deuten konnte.

Tagelang, bis es sie davor ekelte, standen die Fleisch- und Gemüsereste in den Töpfen, und obwohl sie so geizig war, daß sie es ablehnte, sich eine Zeitschrift zu kaufen, wenn sie meinte, jemand werde sie ihr schon leihen, und es ihr also in der Seele weh tat, etwas wegwerfen zu müssen, wofür sie Geld bezahlt hatte, gutes Geld, brachte sie es nicht über sich, davon zu essen, kratzte die Töpfe schließlich aus und spülte alles ins Klo.

In den Tagen, die auf die Gelage (so nannte sie diese Essen) folgten, begann sich ihr Widerwille gegen die Fleischfresser, die sie bewirtet hatte, zu regen. Was waren das, dachte sie, wenn sie den Deckel vom Topf hob und die gärenden, schon säuerlich riechenden Stücke sah, nur für Leute, die gierig die Kadaver erschlagener Tiere in sich hineinschlangen? Und fing an, sich aus den Gläsern zu ernähren, die ihr die Mutter vererbt hatte. Sie nahm die Gläser vom oberen Regalbrett und stellte sie aufs mittlere, auf dem sie bequem erreichbar waren, und als nach wenigen Wochen der Vorrat, den sie übernommen hatte, zur Neige ging, kaufte sie die Zutaten, die für eine natürliche Ernährung notwendig waren, nach, um schließlich ganz vom Fleisch zu lassen und auch niemanden mehr einzuladen. Sie hatte hellbraune Sommersprossen auf den Händen und hielt sie manchmal ans Licht, um sie besser sehen zu können.

Ich kannte die drei in dem Jahr, in dem es üblich war, Rasierklingen am Hals zu tragen und um die Handgelenke Uhren mit dunklen Zifferblättern. Die Häuser, in denen sie wohnten, lagen nur wenige Ecken voneinander entfernt, so daß ich es, wenn ich sie besuchte, nicht weit hatte von der einen zur anderen.

Mit der ersten trank ich Tee und plante, sie zwischendurch auffordernd, vom Kuchen zu essen, den ich mitgebracht hatte, Ausflüge ins Gebirge, mit der zweiten Wein, den sie, sobald ich eingetreten war, aus dem Kühlschrank holte, in dem immer ein Vorrat von vier, fünf Flaschen bereitlag, und mit der dritten Kaffee. Sie hatte ihn am Morgen aufgebrüht und in einer Thermosflasche warm gehalten, bis ich, schon ein wenig betrunken vom Besuch bei der zweiten, kam und mich an ihren Tisch setzte. Mit keiner hat mich mehr als eine oberflächliche Freundschaft verbunden, und doch, nachdem ich sie jahrelang vergessen hatte, muß ich jetzt manchmal an sie denken – an einem Abend wie diesem etwa, wenn das Gespräch einen Augenblick stockt und der Blick hinausschweift zu den Booten.

Dieser Abend, dieser Tag

An diesem Abend, von dem ich berichten muß, fand ich mich unversehens in einer Gesellschaft wieder, die Sie vermutlich als vergnüglich empfunden hätten, die mir aber von Anfang an, vielleicht weil ich erst am Nachmittag von einer Reise zurückgekehrt war, die mich aus vielen Gründen ermattet hatte, quälend und nervtötend erschien.

Nachdem ich in das Haus getreten war, schälte ich mich aus dem Mantel, einem dünnen, mit den Jahren fadenscheinig gewordenen Ding und hängte ihn an die Garderobe. Da er sich neben den Woll- und Pelzmänteln, die schon dort hingen, so ärmlich ausnahm, strich ich, wie um ihn zu trösten, noch einmal mit der Hand darüber, bevor ich mich umwandte und in das Gesicht einer Frau blickte, die in der Tür zu einem Raum stand, in dem sich die Gäste drängten.

Sie sah mich fragend an, und da ich in ihr sofort die Gastgeberin erkannte, trat ich auf sie zu und erklärte ihr, mich mehrere Male wie ein Schuljunge verhaspelnd, warum ich gekommen sei. Während sie mir zuhörte, hielt sie den Kopf schräg und zwinkerte mit den Augen. Anstatt zu antworten, nickte sie oder, sagen wir, senkte den Kopf, und so ging ich an ihr vorbei und zwängte mich durch die Gäste hindurch zu einer Stelle am Fenster, von der aus ich den Eingang im Auge behalten konnte, um schließlich neben einer Glasvitrine, in der rauchzarte Gläser in vielen Farben aufgereiht waren (Murano, 19. Jahrhundert), endgültig Stellung zu beziehen. Dort, in dieser Ecke, die Vitrine und Wand bildeten, hoffte ich, den in Gruppen vorbeidrängenden Gästen am wenigsten im Weg zu sein.

Es war, denke ich, der kälteste Tag des Jahres, die Kälte stand wie ein Eisblock in den Straßen. Deshalb hatte ich, bevor ich von zu Haus losging, einen Pullover angezogen, einen grauen, der an den Ärmeln durchgestoßen war, unter dem Jackett aber noch seinen Dienst tat; nun verfluchte ich diese Vorsichtsmaßnahme, denn in dem Raum, der die Größe eines mittleren Saals hatte, herrschte eine solche Hitze, daß es mir bald vorkam, als sei ich, wie um einen Fieberanfall auszukurieren, in warme Handtücher gewickelt, bei jeder Bewegung, die ich machte, rann mir der Schweiß in Strömen über den Rücken, von der Stirn.

Ich blickte mich um, offensichtlich war ich zu früh. Ich kannte niemanden, wenn man von dem Stadtrat absah, einem hochgewachsenen Mann mit wehendem Haar, der ein krankes Bein hatte, das er beim Gehen nachzog. Er beugte sich eben, als ich ihn entdeckte, zu einer Frau hinunter, die ihm etwas zuflüsterte, richtete sich wieder auf und warf den Kopf zurück, so daß ihm die langen Haare um die Schläfen flogen. Ich kannte diese Bewegung, alle in der Stadt kannten sie, es war die Bewegung, mit der er Entschlossenheit ausdrückte, gleich danach fuhr er sich mit der flachen Hand über den Kopf, wie um zu prüfen, ob sich die Haare wieder so gelegt hatten, wie er sich wünschte, daß sie am Kopf lagen. Ihn kannte ich, wenn ich auch nicht davon ausgehen durfte, daß er mich ebenfalls kannte. Die Frau, die ihm etwas zuflüsterte, war eine kleine Schwarzhaarige in enggeschnittenem Kleid, unter dem sich das Gesäß abzeichnete. Während er sich zu ihr herunterbeugte, reckte sie sich zu ihm empor, so daß sich ihre Gesäßhälften ein wenig gegeneinander verschoben.

Die meiste Zeit blieb ich, den einen Arm an den Körper

gepreßt, den anderen spitz angewinkelt, in der Hand ein zerbrechliches Glas, das ich von einem Tablett genommen hatte, das ein Abendkellner vorbeitrug, in der Ecke zwischen Vitrine und Wand stehen und muß wohl, überwältigt von der Hitze, den Anstrengungen der Reise, die ich am gleichen Tag hinter mich gebracht hatte, einen Augenblick eingenickt sein, als ich, wieder erwachend, in meiner Nähe eine Frau sagen hörte, daß sie noch immer mit Entsetzen an die Zeit zurückdenke, die sie im Internat zugebracht habe, dieser Zwangsanstalt.

Ich öffnete die Augen und sah, daß es die Gastgeberin war, die das sagte: Diese Zwangsanstalt, fern von den Eltern, die zu beschäftigt gewesen seien, um sie bei sich zu dulden. Nachts, besonders nach der Rückkehr aus den Ferien, sei der Schlafsaal, der auch im Winter nicht geheizt wurde, vom Schluchzen der Mädchen erfüllt gewesen, derselben, die sich tagsüber, unter dem Regiment einer Schar bigotter Lehrerinnen, hochmütig wie kleine Prinzessinnen aufführten, nachts sei das ganze Elend über sie hereingebrochen, das könne sich keiner vorstellen, der es nicht erlebt habe.

Oho, Beste, rief ich da, sofort hellwach, was ist das Elend Ihres Internats gegen das des Waisenhauses, von dem der Weg direkt in die Erziehungsheime führt, die, zu meiner Zeit jedenfalls, bessere Verwahranstalten waren, in denen die Jungen nachts mit dem Messer übereinanderherfielen, um sich obszöne Zeichnungen in den Rücken zu schneiden, was Ihr Schluchzen im ungeheizten Schlafsaal gegen das Quieken eines Jungen, der von fünf anderen aufs Bett gedrückt wird, während die Hände eines sechsten zwischen seinen Beinen herumwühlen wie im Schlamm.

Das schoß schärfer aus mir heraus als beabsichtigt,

aber Sie, der Sie wissen, wie leicht ich schon wegen eines einzigen falsch gesetzten Wortes in Erregung geraten kann, werden verstehen, um wieviel mehr mich dieses Lamento aufbringen mußte. Ich neige ja selbst zum Lamentieren und verabscheue es deshalb um so heftiger, wenn ich es bei einem anderen antreffe.

Die Gastgeberin, der, wie ich erst jetzt bemerkte, ein kleines Eiterkorn auf dem Oberlid des linken Auges wuchs, weshalb sie immer wieder mit dem Rücken der linken oder rechten Hand darüberrieb, sah mich erschrocken an, wandte sich ohne ein Wort ab und trat zu einem kleinen Herrn, über dessen breitem Bauch sich eine goldene Uhrkette spannte, an der, sicherlich auch aus Gold, kleine Anhänger, vierblättrige Kleeblätter, Pilze und Glücksschweinchen, baumelten, die, wenn er den Bauch ruckhaft bewegte, aneinanderstießen und ein leises Klirren ertönen ließen. Diesen nun, der sich nicht nur durch das Gold, das er quer überm Leib trug, sondern auch durch seine Kleidung, die ihn wie einen bayrischen Holzhändler aussehen ließ, von den anderen unterschied, nahm sie am Arm und führte ihn zu einer Gruppe, aus der ich bald ein schallendes Gelächter aufsteigen hörte.

Da ich mich, als hätte mein Einwurf keine Erwiderung verdient, einfach stehengelassen sah, wuchs meine Abneigung gegen diese Gesellschaft ins Unermeßliche, und ich wäre, schwöre ich, gegangen, hätte ich mich nicht, um meinen Platz zu verlassen, zwischen einer Gruppe von Gästen auf der einen Seite (darunter der Stadtrat mit dem kranken Bein) und der Glasvitrine, die dabei leicht hätte Schaden nehmen können, auf der anderen hindurchquetschen müssen. Also harrte ich, nur hin und wieder von einem Fuß auf den anderen tretend, auf der Stelle aus und dachte, mich immer tiefer in schwarze Gedanken bohrend, darüber nach, wie hoffnungslos fehl am Platz ich doch sei, hier, wie an jedem anderen Ort, an dem ich das Unglück hatte, mich aufzuhalten.

In diese Wohnung, unter diese Menschen war ich, wie Sie sich vorstellen können, nicht aus reiner Freude an der Geselligkeit geraten, sondern um einem Studienkollegen (Freund will ich nicht sagen) bei der Begleichung einer Schuld, besser: bei der Wiederherstellung eines alten Rechtszustands behilflich zu sein.

Vor Jahren habe ich ihm das *Giornale di Belle Arti, Rom 1830* für einen Tag zur Ansicht überlassen und telefoniere seitdem – sind es acht Jahre, sind es neun? – deswegen hinter ihm her, und er, er versteht es, sich mir seit ebenso vielen Jahren, obwohl er immer wieder ein Treffen zusagt, bei dem die Rückgabe des Werks stattfinden soll (der Post kann man es ja nicht anvertrauen), unter den fadenscheinigsten Begründungen zu entziehen und mir mein Eigentum also vorzuenthalten. Nun hatte er mich hierherbestellt, in diese Wohnung, in diese Gesellschaft von Menschen, die ich nicht kannte oder die mir, sofern ich sie kannte, Schrecken einflößten, um dann, wie hätte es anders sein können, selbst auszubleiben.

Sicherlich würde er sich, riefe ich ihn anderntags an, mit einer unvorhergesehenen Besprechung oder mit der Vorbereitung einer unaufschiebbaren Reise herausreden. Er war ja, seit er das Glück gehabt hatte, bei einem städtischen Museum Anstellung zu finden, ständig an unvorhergesehenen Besprechungen beteiligt, mit der Vorbereitung von unaufschiebbaren Reisen befaßt oder – meinetwegen – tatsächlich auf Reisen. Warum, dachte ich jedesmal, wenn ich ihn wegen der Übergabe des *Giornale di Belle Arti, Rom 1830* im Museum anrief oder unangemeldet in seinem Büro erschien, um nachzuprüfen, ob er wirklich auf Reisen sei oder das Reisen bloß vorschütze, und ich mir von seiner Assistentin sagen lassen mußte, er *sei* auf Reisen, warum dachte ich dann, hatte ich nach Abschluß des Studiums nicht auch um Anstellung bei einem städtischen Museum nachgesucht, dann, ach, hätte ich mich auch in New York, Madrid, Paris, Rom, London, Amsterdam oder wie die Städte sonst noch hießen, in die ihn seine Reisen alle naslang führten und aus denen er Kartengrüße schickte, die mir höhnisch ins Auge stachen, Steuergelder verplempernd, herumtreiben können. Ich aber reiste immer auf eigene Kosten und doch nie in Städte mit so klangvollen Namen, daß sie jemandes Neid erweckten.

Am Nachmittag erst, ich sagte es schon, war ich selbst von einer Reise zurückgekehrt, aus Berlin, wo ich bei einem kartographischen Verlag vorgesprochen hatte, um ihn für meine Landkartenentwürfe zu interessieren – ich entwerfe ja jetzt, nachdem mir mit meinen Streckbildern nur mäßiger Erfolg beschieden war, Landkarten.

Dieser Verlag, von dem ich jetzt nicht mehr weiß, ob er diese Bezeichnung verdient, war in einem weiten, hallenden Hinterhof untergebracht, in dem mehr Mülleimer herumstanden, als ich jemals zuvor an einem Ort versammelt gesehen hatte. Schon unterwegs, während ich die Mappe mit den Entwürfen durch die kalte kohlenstaubgeschwängerte Luft trug, hatte ich gedacht, dies sei nicht mein Tag, denn so wie es Glückstage gibt, gibt es Unglückstage, und dies, ich fühlte es, war einer.

Ich sollte umkehren, dachte ich, aber dann ging ich weiter, an den Mülleimern vorbei durch den Hof, stieg die Treppe hoch und gelangte so in ein jämmerlich ausgeleuchtetes Büro, in dem die Farben meiner Entwürfe blaß und krank wirken *mußten,* weshalb ich mit Fug und Recht sagen kann, sie seien überhaupt nicht gesehen worden, nein, die beiden, die sich in dieser Fabriketage, die sich Büro nannte, über die Blätter beugten, konnten die Blätter gar nicht sehen, folglich nicht beurteilen, und doch mußte ich mir ihre Meinung dazu anhören, die Meinung von offenkundigen Laien, die sich als Experten aufspielten, obwohl sie, ich merkte es sofort, niemals eine Kunsthochschule von innen gesehen hatten. Ich warf die Entwürfe in die Mappe zurück, stürzte hinaus und bin am nächsten Morgen (obwohl ich ursprünglich einen Tag länger bleiben wollte) mit dem ersten Zug, der die Stadt verließ, zurückgefahren.

Sie hätten doch fliegen können, werden Sie sagen. Aber nein, antworte ich darauf, das hätte ich nicht tun können, denn nichts ist mir mehr zuwider, als mich wie ein Stück Cornedbeef in eine Blechbüchse einnieten und in die Luft schießen zu lassen, um dann nichts anderes tun zu können, als darauf zu vertrauen, daß sie heil auf den Boden zurückfällt. Nein, das hätte ich nicht tun können, mir blieb nur der Zug.

Also schleppte ich mich am nächsten Morgen zum Bahnhof und lief, nachdem ich die Treppe zu den Gleisen hochgegangen war, außen am Zug entlang, bis ich im letzten Wagen ein leeres Abteil fand, in das ich mich setzen konnte.

In der Nacht hatte ich kein Auge zugetan. Die Luft in dem Pensionszimmer, das ich gemietet hatte, war staubtrocken gewesen, so daß ich geglaubt hatte zu ersticken, doch sobald ich das Fenster öffnete, hatte ich ein wüstes Grölen von der Straße gehört. Alle Säufer der Stadt schienen sich vor meinem Fenster versammelt zu haben. Wenn ich aber in einem Moment, in dem sie Ruhe hielten, die Augen schloß, sah ich die beiden, die sich am Nachmittag über meine Entwürfe gebeugt hatten: Der eine hielt ein Papiermesser in der Hand und der andere, einer mit langen gelben Zähnen, wedelte mit einer Zigarre über die Blätter, von der jeden Augenblick die Glut herabzubröckeln drohte. Sofort hatte ich mich wieder im Bett aufgesetzt und das Licht eingeschaltet.

Im Zug hoffte ich, ein wenig Schlaf nachzuholen, nirgends überkommt mich eine so große Ruhe wie in Zügen. Nachdem ich in das Abteil getreten war, zog ich die Vorhänge vor die Tür, um zu zeigen, daß ich ungestört bleiben wolle, ließ mich in den Sitz fallen und schloß die Augen. Doch, das hatte ich vergessen, schon kurz hinter Berlin sind die Gleise so ramponiert, daß der Zug wie über Kopfsteinpflaster dahinrumpelt; sobald er nur ein wenig Fahrt aufnahm, wurde ich von einer Seite auf die andere geworfen. An Schlaf war nicht zu denken, und so blieb ich wach und blickte durchs Fenster auf das flache Land hinaus, das in der Sonne, die eben aufgestiegen war, unter einer dünnen Eisschicht glitzerte.

Die Mappe mit den Entwürfen lag neben mir. Während ich durchs Fenster hinaussah, strich ich mit der Hand darüber und spürte, wie ich in jene wunderbare Melancholie hineinzugleiten begann, die mir in allen Niederlagen Schutz bot: Sie war der Mantel, in den ich mich hüllte, das Bett, in das ich mich zurückzog, sie senkte sich, während ich zurückgelehnt dasaß, wie ein warmer, bunter Nebel über mich – da schob jemand, die vorgezogenen Vorhänge grob mißachtend, die Tür auf und stellte zwei Koffer herein. Erst sah ich die Hand mit dem ersten Koffer, dann die Hand mit dem zweiten aus dem Vorhangschlitz auftauchen, und schon zwängte sich ein altes Paar herein, Mann und Frau, beide seufzend, daß sie seit Berlin einen Platz suchten, seufzend, daß sie ihn endlich gefunden hätten, und ich, mit der Höflichkeit dessen, der von fremden Leuten aufgezogen wurde, die ihm, weil sie ihm das Waisenhaus ersparten, ständig Dankbarkeit abverlangten, mit jener besonderen Höflichkeit also, die ständig zwischen Grobheit und Unterwürfigkeit schwankt, hatte nichts besseres zu tun, als aufzuspringen und ihnen die Koffer ins Gepäcknetz zu hieven, während sie sich schon, seufzend, in die Sitze fallen ließen, er auf die Mappe mit meinen Entwürfen, sie ihm gegenüber, um, kaum daß sie saßen, Zigaretten anzuzünden und Rauch in die Luft zu blasen, und dies, da sie eine nach der anderen pafften, in solchen Mengen, daß mir innerhalb kürzester Zeit die Augen zu tränen anfingen.

Wann fahren wir zurück, hörte ich sie durch die Qualmwolken fragen, und er, der Mann, quäkte, während er die Mappe mit meinen Entwürfen unter seinem Gesäß hervorzog und mir mit Vorwurf im Blick reichte, er quäkte zurück, sie seien noch nicht einmal angekommen, und schon frage sie dies. Und so, in dieser Art, ging es weiter, ununterbrochen.

Ich rückte von den beiden ab, so weit zum Fenster vor, daß ich mit der Nasenspitze fast gegen die Scheibe stieß, und versuchte, die Ohren zuzusperren, nur noch durch die Augen zu sehen, aber das war fast unmöglich, denn immer sehen die Ohren mit, jeden Laut, der an sie dringt, verwandeln sie in Bilder, und so hörten und sahen sie also auch plötzlich, während der Zug schon durch die Hügellandschaft von Thüringen rumpelte, die Frage, die zusammen mit dem Zigarettenqualm aus dem Mund der Alten stieg, die Frage: Haben wir alles eingepackt?

Das war die Frage, die sie am meisten zu beschäftigen

schien, denn sie wiederholte sie immer wieder. Ja, sagte er, ja, bis er sich entschloß, die Frage zu überhören und nur noch Rauch zu produzieren, der wie aus dem Innern eines Räuchermännchens links und rechts der Zigarette, die ihm mitten im Mund hing, zwischen den Lippen hervorquoll. Ihm, dem Raucher, an den sich die Frage richtete, war es gegeben, sie zu überhören, mir nicht.

Haben wir alles eingepackt? hörte ich sie fragen – und hörte gleichzeitig das Reifenquietschen und hörte und sah gleichzeitig das Auto, das über die wintereisglatte Kreuzung in ein anderes, um vieles größeres schlitterte, das randvoll mit Benzin gefüllt war, worauf ein blendendweißer Feuerball an der Stelle, an der sie sich ineinanderbohrten, in die Luft schoß.

Ich habe Ihnen ja schon erzählt, daß ich gar nicht weit weg stand, nah genug jedenfalls, um nach dem Frösteln auf der Treppe, mit dem ich ihre Abreise verfolgte, plötzlich wie von einem sengenden Sommerwind angeweht zu werden, der von der Kreuzung her auf mich zugetobt kam, und hatte eben noch, die Hände in den Taschen, weil mich an den Händen fror, zugesehen, wie die Mutter Gepäck einlud, die Skier aufs Autodach schnallte, während der Vater ums Auto herumging, sich zu allen vier Reifen herabbeugte, mit flacher Hand über das Profil strich und ein bedenkliches Gesicht aufsetzte, denn über Nacht hatte der Frost die Straßen in Eisbahnen verwandelt. Es war ein altes Auto, ein Vorkriegsmodell, das Öl verlor (als es anfuhr, sah ich die Spur, die es hinter sich herzog), auch das bereitete ihm Sorgen, nicht nur die Reifen. In einem Traum, den ich später hatte, sah ich ihn über ein Feld davonlaufen, mit flatternden Hosenbeinen, tatsächlich aber ist er nicht davongelaufen, sondern im Auto geblieben, über dessen Dach hinten und vorn die Skier wie lange

Spargel ragten, als es auf die Kreuzung zufuhr; er ist im Auto geblieben wie sie auch, mitsamt dem Gepäck, das sie für ein Wochenende im Harz gepackt hatten, ein Schneewochenende in Goslar. Haben wir alles eingepackt, hörte ich sie noch rufen, während sie die Skier festzurrte.

So ungefähr war es, Sie wissen es längst. Ich versuchte durchs Fenster die Landschaft im Auge zu behalten, durch die der Zug rollte, während mir die beiden ihre Sätze ins Ohr bliesen, diese frechen Nichtigkeitssätze: Wann fahren wir zurück, haben wir alles eingepackt, welcher Tag ist heute. Ich hatte den Kopf so nah an die Scheibe gebracht, daß sie im Nu beschlagen war, weshalb ich, um ein Guckloch freizuhalten, dauernd mit der Hand darüber wischte, erst mit dem Handrücken, dann mit der Handinnenfläche, erst mit der linken, dann mit der rechten, bis beide Hände naß waren, naß vom Niederschlag meines Atems. Schließlich gab ich es auf, lehnte mich im Sitz zurück und warf, weil das Geplapper nicht enden wollte, wütende Blicke in ihre Richtung, in die des Mannes und in die der Frau, die sie indes nicht störten.

Sie hatten eine Zeitung ausgebreitet, die sie sich, ohne ein Wort zu lesen, vors Gesicht hielten; jeder hatte einen Teil, sie den Lokalteil, er den politischen, sofern bei der Zeitung, mit der sie, ohne das Geplapper zu unterbrechen, herumraschelten, von einer solchen Trennung die Rede sein konnte. Und ich, ich versuchte, an der Zeitung vorbei, durch den Rauch hindurch, in den sie sich hüllten, mal sie, mal ihn ins Auge zu fassen, um sie allein durch meinen Blick zum Schweigen zu bringen, und sah so das Datum, das über dem roten Zeitungssignet prangte, und, es sehend, erkannte ich jäh, daß ich am Vortag eben jenes Tages unterwegs war, an dem unterwegs zu sein ich von jeher vermieden hatte, weil es der Tag war, an dem sich das

Unglück ereignet hatte, das mich wie ein später Ausläufer der Druckwelle, die über die Straße gefegt war, erst ins Waisenhaus, dann an den Tisch jener Leute geschleudert hat, die mich aus dem Waisenhaus befreit haben.

Es waren gute Leute, entfernte Verwandte, die einen Garten vor der Stadt besaßen, zu dem sie am Sonntagmittag, nach dem Essen, wenn das Geschirr gespült, abgetrocknet und wieder in den Schrank geräumt war, mit mir aufbrachen. Setz dich in die Sonne, sagten sie, du bist so blaß. Es bekümmerte sie, daß ich so blaß war. Sie werden von mir kein abträgliches Wort über sie hören, und doch –

Und doch, bei allem Guten, das ich ihnen verdanke, hatten sie nicht verhindern können, daß ich vor diesem Tag, dem Tag des Unglücks, dessen Datum sich mir wie mit Feuerzangen ins Gedächtnis gebrannt hat, eine heillose Furcht behalten habe, ja, daß ich, ungeachtet der vielen Jahre, die seither vergangen sind, noch immer der festen Überzeugung bin, daß sich jedes wirkliche Unglück, das mir zustößt, an eben diesem Tag ereignen wird, weshalb ich mich an diesem Tag von jeher auf keinerlei Unternehmungen einließ, keineswegs auf Reisen ging, sondern mich vielmehr in meiner Wohnung einschloß und alles in allem sowenig bewegte als möglich. Und dennoch, dachte ich, als ich durch die Qualmwolken hindurch das Datum sah, und dennoch, dachte ich erschrokken, wäre ich um ein Haar an eben diesem Tag unterwegs gewesen. Allein die ruppige Ignoranz der Verlagsleute (die ich deshalb nicht entschuldige) hatte mich davor bewahrt, erst einen Tag später zurückzufahren.

Sieh an, dachte ich, so hat denn doch alles einen Sinn gehabt: das schmutzige Bürolicht, in dem meine Entwürfe nicht zur Geltung kamen, weshalb ihnen die Ungerechtigkeit der Ablehnung widerfahren war, die mich vorzeitig aus der Stadt getrieben hatte, wie das Martyrium, das ich durchlitt, seit die Plappergreise, die weiter Qualm durch Mund und Nase ausstießen, mein Abteil besetzt hatten.

Darf ich das Fenster öffnen, fragte ich, fast mit ihnen versöhnt, als der Zug in Braunschweig hielt. Sie sahen mich, ohne zu antworten, mit kleinen geröteten Augen an, schnippten die Asche auf den Boden und schüttelten den Kopf.

Nach Hause zurückgekehrt, wollte ich mich, um dem Unglück, mit dem ich rechnete, ein möglichst geringes Ziel zu bieten, gleich ins Bett legen, den nächsten Tag abwarten und mich erst am übernächsten wieder rühren. Aber als ich in meine Wohnung zurückkam, fand ich die Karte (die einzige Post übrigens, die während meiner Abwesenheit eingetroffen war), die Karte, die mich zu jener Gesellschaft bestellte, auf der mir, da sich auch der Unterzeichnete (Dein alter Studienfreund) dort einfinden wollte, die Rückgabe des *Giornale di Belle Arti, Rom 1830* in Aussicht gestellt wurde, sofern ich mich selbst dorthin bemühen wolle. Also machte ich mich, da der eigentlich gefährliche Tag erst der nächste sein würde, am Abend dahin auf den Weg, mit dem festen Vorsatz, sowie ich mein Eigentum in den Händen hielte, zurückzuflüchten in die Sicherheit, die relative Sicherheit meiner Wohnung.

Aber, sehen Sie, mein Eigentum kam nicht, sowenig wie der, der es mitbringen sollte, und die Minuten verrannen. Ich blickte auf die Uhr, es waren noch anderthalb Stunden bis Mitternacht, Zeit genug, um mich, käme es doch noch, sofort auf den Weg zu machen. Schon verabschiedeten sich die ersten Gäste, was mir in meiner Ecke, aus der ich mich den ganzen Abend nicht weggerührt hatte, nur angenehm war, weil ich dadurch die Tür, durch die das *Giornale* eintreten sollte (ich hatte die Hoffnung noch nicht aufgegeben), besser im Auge hatte. Ich blickte wieder auf die Uhr und sah, daß es, obwohl schon wieder beträchtliche Zeit verstrichen sein mußte, denn die Wohnung hatte sich fast geleert, auch der Stadtrat mit dem kranken Bein war hinausgehinkt, noch immer anderthalb Stunden bis Mitternacht waren, sah es und hörte im selben Augenblick, in dem mir klar wurde, daß mich auch meine Uhr im Stich gelassen hatte, von der Diele her das silberhelle Schlagen der Standuhr, die ich beim Eintreten bewundert hatte, zählte mit und zählte bis zwölf.

Verzeihen Sie, rief ich dem Mann mit der Uhrkette über dem dicken Bauch zu, der, nahm man mich aus, als einziger Gast übriggeblieben war, verzeihen Sie, und zeigte auf das tote Zifferblatt meiner Uhr, könnte es sein, daß –? Worauf er seine Uhr hervorzog, die goldene an der goldenen Kette mit den Glücksbringern, die in seiner Westentasche versenkt war. Bevor er draufschaute, wog er sie wie ein Wurfgeschoß in der Hand, senkte dann den Blick und betrachtete sie lange (als bereite ihm das Zeitablesen Mühe), um schließlich mit tiefer, röhrender Stimme das Urteil zu fällen. Mitternacht, sagte er, oder, um genau zu sein, eine Minute darüber.

Als er das sagte, stand er schon neben der Tür, zu der ich ihm gefolgt war, keinen Meter von der Garderobe entfernt, an der, nachdem er die Uhr wieder eingesteckt und seinen Mantel vom Haken genommen hatte, einen schweren aus Loden, nur noch mein Mantel hing, der dünne, abgewetzte.

Nun gehen Sie aber bitte auch, sagte die Gastgeberin, nachdem sie ihn hinausgelassen hatte, rieb sich erst mit dem linken, dann mit dem rechten Handrücken über das

Auge mit dem Eiterkorn auf dem Oberlidrand und sah mich darunterher an.

Was hätte ich, meinen Sie, jetzt noch tun können? Hätte ich dieser Frau, der ich, zugegeben, barsch die Rede abgeschnitten hatte und die jetzt mit Schritten, die mir in den Ohren dröhnten, durch den Raum eilte, die Fenster aufriß, so daß die Nachtluft hereinfuhr und den Schweißgeruch durcheinanderwirbelte, den die Gäste hinterlassen hatten – hätte ich dieser Frau meine Lage erklären können? Hätte ich ihr sagen sollen, daß ich an dem Tag, der eben angebrochen war, niemals und unter keinen Umständen auf die Straße gehen dürfe, weil ich, setzte ich den Fuß hinaus, gewärtig sein müsse, zwischen zwei aufeinanderprallenden Lastwagen zermalmt, unter einem umstürzenden Gerüst begraben, von einer zusammenbrechenden Brücke mit in die Tiefe gerissen zu werden, weshalb ich sie, da ich den Zeitpunkt, zu dem ich mich noch hätte hinauswagen können, leider verpaßt hätte, bitten müsse, mich für den Tag, der noch fast vierundzwanzig Stunden währte, zu beherbergen? Hätte ich ihr, um ihr die Heillosigkeit meiner Furcht verständlich zu machen, vielleicht ihr Mitleid zu wecken, erzählen sollen, dies sei der Jahrestag eines entsetzlichen Feuers, in dem alles, woran ich gehangen hätte, zu Asche –

Ach, in meiner Not muß ich wohl tatsächlich etwas Ähnliches gestammelt haben, denn während mir ein kalter Lufthauch über die Stirn fuhr, hörte ich sie vom Fenster her rufen, sie glaube von all dem kein Wort, sondern habe, als ich eingetreten sei und behauptet hätte, ein Bekannter habe mich wegen eines italienischen Buches, dessen Rückgabe er mir schulde, herbestellt – was ja schon deshalb nicht stimmen könne, weil dieser vorgebliche Bekannte, auf den ich mich berufen hätte und der wirklich ein Freund des Hauses sei, wie alle wüßten, in Lissabon weile, bei einem kunstwissenschaftlichen Kongreß –, da habe sie gleich gespürt, daß ich nichts anderes im Sinn gehabt hätte, als mich einzuschleichen, hier, an diesem Abend, in diese Gesellschaft, wie ich mich vermutlich an anderen Abenden unter anderen Vorwänden in andere Gesellschaften einschliche, um mit meinem verbitterten Gesicht die Gäste zu erschrecken oder sie an eine Schuld zu gemahnen, die sie, da sie mich nicht kennten und auch nicht zu kennen wünschten, schlechterdings nicht auf sich geladen haben könnten.

So oder so ähnlich platzte es aus ihr heraus. Nachdem der Besitzer der goldenen Uhr das Urteil verkündet hatte, war ich in meine Ecke neben der Vitrine mit den Muranogläsern zurückgekehrt, in der Hoffnung, denke ich jetzt, dort für die folgenden vierundzwanzig Stunden sowenig jemandem im Weg zu sein, wie ich geglaubt hatte, den Abend über jemandem im Weg gewesen zu sein. Doch jetzt, nachdem ich mir das hatte anhören müssen, ging ich zur Tür, nahm den Mantel vom Garderobenhaken und stieg langsam die Treppe hinab.

Die Kälte hatte womöglich noch zugenommen; der Fußweg, die Straße waren von einer dünnen Eisschicht überzogen, und als ich in den Grüngürtel einbog, der sich im Halbkreis um die Innenstadt zieht, begann es zu schneien.

Na sehen Sie, würden Sie sagen, wenn Sie denn je etwas sagten, Sie sind also, ohne daß Ihnen etwas zugestoßen ist, zu Haus angekommen, haben den Tag überlebt und müßten daraus eigentlich genug Zuversicht für die Tage geschöpft haben, die noch folgen. Ach, würde ich antworten, was wissen denn Sie?

Bei Tisch

Spargel hat es bei uns nicht gegeben. Spargel wäre schon deshalb ganz unmöglich gewesen, weil sich mein Vater, der, wie Sie wissen, Pfarrer im Westfälischen war, geschämt hätte, mitanzusehen, wie wir die Stangen in den Mund schieben. Er saß aufrecht am Tisch und ließ seine Blicke über uns gleiten, während wir, kreuzgerade, linker und rechter Unterarm neben dem Teller, ihm den Kopf zugewandt hielten und auf das Zeichen warteten, mit dem er das Essen freigab, ein leichtes, demütig erscheinendes Senken der Lider, dem, als zöge die winzige Bewegung der Augen unweigerlich die andere, größere nach, das Aufheben des Bestecks folgte.

Nun hieß es achtgeben, daß Messer und Gabel nicht laut gegen den Teller schlugen, beim Fleischschneiden nicht übers Porzellan schabten; jedes Geräusch, das beim Zusammenstoß von Stahl und Porzellan entstand, bewirkte (als gäbe es auch hier einen gleichsam mechanischen Zusammenhang), daß sich eine tiefe Furche in seine Stirn grub, die von der Nasenwurzel bis zum Haaransatz verlief, die Stirn so in zwei gleiche Hälften teilend; und rutschte gar einem von uns Messer oder Gabel auf dem Teller aus, stieg dabei jenes quietschende Geräusch auf, das mir noch heute, dreißig Jahre später, kalte Schauer über den Rücken jagt, wenn ich es in einem Restaurant, beispielsweise, höre, hob er den Kopf und richtete die Augen auf den Sünder, kleine graublaue Metallkugeln, die von einem Kranz strahlenförmig davon wegstrebender, wie mit dem Messer in die Haut geritzter Einkerbungen umgeben waren.

Er sagte nichts, kein Wort, aber sein Blick lastete wie ein

Zentnergewicht auf dem Verursacher des Geräuschs, und wir anderen, obwohl frei von Schuld, fühlten uns nicht weniger unbehaglich als dieser und waren froh, wenn ein anderes, neues Geräusch, ein Laut aus dem Garten, von der am Haus vorbeiführenden Straße, den strafenden Blick wieder aufhob.

Einmal nachmittags in den Heubergen, in denen wir spazierengingen, zogen, nachdem wir bei strahlendem Sonnenschein losgegangen waren, Wolken auf, schwarze Gewitterwolken, die sich wie Fäuste über uns zusammenballten, worauf er den gleichen Blick zum Himmel schickte, mit dem er uns in die Schranken zu weisen pflegte, und, tatsächlich, ein kleiner Wind, der unseren Spaziergang kaum beeinträchtigte, begann sich zu rühren und blies die Wolken auseinander. Wir konnten unseren Weg fortsetzen und kamen trocknen Fußes zu Haus an. Zweifellos, dachten wir, war ihm der Himmel nicht weniger untertan als wir, meine drei Schwestern und ich.

Am deutlichsten aber zeigte sich seine Macht bei Tisch. Wir setzten uns erst, nachdem er sich gesetzt hatte. Das Mädchen trug die Speisen auf. Wenn alles an seinem Platz stand, blickte er uns der Reihe nach an und sprach das Gebet. Danach schnitt er das Fleisch, und wir reichten ihm den Teller, auf den er das Bratenstück legte, das er mit der zweizinkigen Gabel aufspießte und, bevor er es am Tellerrand abstreifte, einen Moment in der Luft schweben ließ, während die Mutter, eine schweigsame, kopfnickende Frau, schon den Löffel bereithielt, den sie, sobald die Verteilung des Fleisches abgeschlossen war, in die Gemüseschüssel tauchte; das Gemüse- und Kartoffelnverteilen fiel, da die scharf kalkulierende Gerechtigkeit dabei keine Rolle spielte, in ihren Bereich, während er sich die Verteilung von Fleisch und Nachtisch vorbehielt.

Alles, erinnern sich meine Schwestern und ich, geschah wortlos, das Essenverteilen, das Essen. Nur einmal, Anfang Juli, an einem Tag, an dem das Mädchen, die blasse Tochter eines Tabakladeninhabers aus der unteren Hauptstraße, eine Schüssel mit gezuckerten Erdbeeren hereintrug, durchbrach die Mutter, die wußte, wie sehr wir gezuckerte Erdbeeren liebten, das Schweigen, hob, nachdem das Mädchen wieder hinausgegangen war, den Kopf und sagte in einem Anfall von fröhlicher Leutseligkeit zu ihrem Mann: Nun teil aber gerecht aus! Worauf er die Kelle, die er schon zur Hand genommen hatte, fallen ließ und seine Mundwinkel, die eben noch voller Wohlwollen nach oben gezogen waren, heruntersackten.

Einen Augenblick schien es, als überlegte er, dann nahm er mit einer Bewegung, die so umständlich wie hoheitsvoll war, die Erdbeerschüssel in beide Hände, schwenkte sie nach links, nach rechts und stellte sie, nachdem er sie mit einem raschen Ruck in der Luft umgedreht hatte, verkehrt herum auf den Tisch zurück, so daß wir die Prägung auf dem Schüsselboden sahen, den ovalen, blauen, mit der Zeit ein wenig verblaßten Stempel der Manufaktur und den unterm Schüsselrand hervorsickernden Saft, der sich wie ein blutroter Ring um die Schüssel legte und ins weiße Tischtuch fraß – während der Vater den Stuhl zurückschob, aufstand und hinausging. Das Knallen der Tür hallt mir noch immer im Ohr.

Aquarium

Eine Frau wird von ihrem Mann ins Zimmer gerufen. Als sie die Tür öffnet, stößt er den Schemel um, auf dem er steht, und stürzt in die Schlinge. Auf dem Tisch liegt noch das Messer, mit dem er den Strick auf die richtige Länge gebracht hat. Geistesgegenwärtig greift sie danach, steigt auf den Schemel, den sie zuvor wieder aufgerichtet hat, und trennt den Strick durch. Der Körper des Mannes fällt zu Boden. Als sie sich über ihn beugt, hört sie ihn stöhnen. Er lebt also, scheint bloß bewußtlos vom Sturz, ist wohl mit dem Kopf aufgeschlagen. Sie will ihn zu Bett bringen, schafft es aber nicht, den schweren Körper die Treppe hinaufzuzerren, das Schlafzimmer liegt im ersten Stock, deshalb holt sie Federdecke und Kissen herunter, bettet den Bewußtlosen weich; wird sich schon erholen, das Aas, denkt sie, klettert noch einmal auf den Schemel, schneidet den Strick kurz unterm Haken ab und danach in armlange Stücke, damit er, wenn er aus seiner Bewußtlosigkeit erwacht, den Unsinn nicht wiederholen kann; legt sich, da das Notwendige getan scheint, schließlich zu Bett. Wird schon nachkommen, wenn er aufgewacht ist!

Als sie am Morgen die Treppe hinabsteigt, liegt er noch immer so da, neben dem Tisch, auf dem Boden, atmet matt. Und jetzt sieht sie, daß Blut aus dem linken Ohr getreten ist, eine dünne Spur, die am Hals entlang in den offnen Kragen führt, sich als rostroter Fleck, groß wie zwei Daumenkuppen, neben dem Nacken auf dem Kissen versammelt hat. Atmet er wirklich? Sie ruft ihn mit all seinen Schimpfnamen, doch er gibt keine Antwort. Da er so merkwürdig aussieht, wagt sie nicht, ihn zu berühren, geht ins Nachbarhaus – sie wohnen in einer Reihenhaussiedlung, es ist Sonntag, aus dem offnen Fenster riecht es schon nach angebratenen Zwiebeln –, um nach dem Arzt zu telefonieren; zu spät.

Sie hätten, sagt sie später, die übliche Ehe geführt. Mit Selbsttötung habe er öfter gedroht, letztes Mal, weil sie vergessen hätte, das Aquariumbecken zu reinigen, an diesem Abend. Sie habe gehört, wie er den Haken in die Decke schlug, und, da es auf Mitternacht zuging, gedacht, hoffentlich beschweren die Nachbarn sich nicht, sind immer so pingelig.

Einfach weg

Ein Nobelpreisträger verschwindet in Tunesien, taucht aber wieder auf.

Ein alternder Schiffskoch, der in seiner Jugend durch sämtliche Hunde-, Hühner-, Ziegenpuffs Nordafrikas gefallen ist, gerät während eines Landurlaubs zufällig in eine neben einer Fischbraterei gelegene Methodistenkirche, kehrt völlig verstört aufs Schiff zurück, kocht, schmeckt die Speisen aber nicht mehr ab, nimmt später, da ist das Schiff schon ausgelaufen, nur noch Zwieback, Salat, rohe Mohrrüben, schließlich gar nichts mehr zu sich, magert ab, kann die Hose, die ihm in vierzigjähriger Dienstzeit unter den mächtigen Bauch gerutscht ist, wieder bis über die Hüften hochziehen, magert weiter ab, die Hose beginnt wieder zu rutschen, wird gefragt: Was ist denn, bleibt stumm, zieht sich auch vom abendlichen Skatspiel in der Messe zurück. Eines Morgens wartet die Wache vergeblich auf den Kaffee. Die Küche ist leer, die Kammer des Kochs ist leer, die Koje nicht angerührt. Die sofort eingeleitete Suchaktion bleibt ohne Erfolg. Der Koch bleibt verschwunden. Nun gut.

Aber ein Wohnzimmer ist nicht Tunesien, keine Küche der Nordatlantik.

Dies vielleicht: Eine Fabrikarbeiterin verläßt das Fließband, um zur Toilette zu gehen, kommt aber nicht wieder. Als man nach ihr schickt, findet man die Toilettentür verschlossen, erhält auf Rufe keine Antwort. Die Tür wird aufgebrochen. Die Toilette ist leer.

Wir waren, sagte der Mann später vor Gericht, große Blumenfreunde. Wir haben mit einem Kaktus angefangen und uns nach und nach einen kleinen Urwald zugelegt, der im Wohnzimmer prächtig ins Kraut schoß. In den letzten Monaten haben wir das Wohnzimmer nur noch zum Gießen und Düngen der Pflanzen betreten. Mit den Jahren hatten die Pflanzen sämtliche Sitzgelegenheiten überwuchert. Nur mit Mühe konnte man sich durch das dichte, immer wilder rankende, sich immer mehr verzahnende Astwerk zwängen. Eines Tages entdeckten wir auf der Spitze einer Schusterpalme den ersten Papagei. An dem betreffenden Abend hielten wir uns in der Küche auf. Meine Frau, mein sechzehnjähriger Sohn, der den *Untergang von Pompeji* las, und ich. Gegen zehn füllte meine Frau die Gießkanne und ging ins Wohnzimmer. Später fanden wir in einer besonders dicht bewachsenen Ecke des Wohnzimmers die leere Gießkanne, auf dem Boden ihre Hausschuhe, Kleiderfetzen und Reste von Blut.

Malcolm Lowry

Ich weiß noch, wie wir die Straße runterrannten, Lowry, der sich in dieser Zeit schon für ein Schiff hielt, wußte mit seinen Beinen nichts anzufangen, sondern verlangte nach dem Atlantik, um ordentlich Fahrt aufzunehmen, oder nach dem East River, wo er in der Nähe des Fischmarkts anlegen und in der Bar Paris (ja, nicht umgekehrt) einen heben gehen wollte, hinter uns die Polizeiwagen, die er für sich im Kielwasser tummelnde Delphine ansah und denen er eingangs der Water Street zurief, sie sollten sich vor seinen Schrauben hüten, er war überzeugt davon, daß seine Motoren auf vollen Touren liefen und die Schrauben mächtige Verwirbelungen hinterließen, in denen sie wie in einem Mixer verrührt oder zerhackt werden könnten. Kommen Sie, rief ich, da er sich ihnen mit röhrendem Schiffsbaß eine Predigt über die Verwirbelungsgefahren zu halten anschickte, worauf er erwiderte, daß die nicht autorisierten Beiboote den Mund zu halten hätten, und mit versagenden Beinen die Stufen zur Bar Paris hochstolperte, innen das übliche Durcheinander von Wallstreetleuten, Fischsortierern, Gourmets und zufällig Hereingeschneiten, an den Wänden die weltweit bekannten Bilder (Cutty Sark, Hurricane, Storm Cloud etc.), denen er sich, indem er sich ganz flach machte, zugesellen wollte, er stand mit eingezogenem Bauch und ausgestreckten Armen an der Wand und versuchte, die Breite einer Briefmarke anzunehmen, bis der Kellner mit der Getränkekarte herbeieilte (das Essen – Fisch, Schalentiere – war auf Schiefertafeln angeschrieben), er riß sie ihm aus der Hand, orderte eine Flasche Tequilla, Rum, Triple Sec, einen Zentner Zitronen, einen Shaker, einen Eisblock samt Eispickel und befahl ihm, nachdem er die Route auf den Umschlag gezeichnet hatte, Kurs auf den Golf von Bengalen zu nehmen. Der Kellner, der ihn offensichtlich kannte, legte die Hand an die nicht vorhandene Mütze, und als ich der Bewegung seines Arms folgte, sah ich die Polizisten reinkommen, sie hatten uns für einen Moment aus den Augen verloren und nun wiedergefunden, drei stämmige Burschen, von denen der eine direkt auf uns zuhielt, während die anderen, wohl um uns (oder besser, ihm) den Weg abzuschneiden, einen Bogen beschrieben, sie gingen um die Tische mit den Wallstreetleuten, Fischsortierern, Gourmets und Hereingeschneiten herum, um sich ihm in einer Art Zangenbewegung von der Seite zu nähern, wobei der in der Mitte schon die Handschellen vom Gürtel hakte, und als Lowry merkte, daß es kein Entkommen gab, zog er einen zusammengefalteten Zettel, nein, eine verschmuddelte Rechnung aus der Tasche, die er mir mit einer Verbeugung reichte, seine Adresse: Bill Plantagenet, Bellevue Hospital, East River. Darunter: Damit ich Bescheid weiß, beim Vorbeifahren bitte die Sirenen dreimal kurz aufheulen lassen!

Der Mechanismus

Nahe dem lichtsprühenden Boulevard, der die Stadt durchzieht, die beliebte Peep-Show, bei der sich die Besucher in ihren verschlossenen Zellen den Mädchen durch Klopfen gegen die Sichtluke bemerkbar machen können. Hören diese das Knöchelklopfen, unterbrechen sie ihre Darbietung, und sehen sie den Gast einen Geldschein in die Höhe halten (der ihnen damit fest versprochen ist), sind sie nicht faul und lassen sich von ihm durch Handzeichen in diese oder jene Pose dirigieren, um darin zu verharren, bis er sie in einer anderen Pose zu sehen wünscht oder die Zeit abgelaufen ist und die Luke sich schließt.

Ist der Schein, der den Mädchen hingehalten wird, aber auf eine bestimmte Weise gefaltet, auf eine Weise, die ihnen jeden Tag neu vom Betreiber des Etablissements, einem hageren, etwas heruntergekommenen Mann mit flackernden Augen, bekanntgegeben wird, drücken sie auf einen kleinen Hebel an der Wand, worauf ein Mechanismus in Gang gesetzt wird, der die Trennscheibe zwischen Zelle und Vorführraum hochfahren läßt, und nehmen so Aufstellung, daß der Besucher, die Hand durch die entstandene Öffnung steckend, ihr Geschlechtsteil bequem betasten kann.

Das alles spielt sich schweigend ab, ohne daß ein einziges Wort zwischen ihnen gewechselt wird. Die Scheibe ist, obwohl durchsichtig (also doch offensichtlich aus Glas), schwer wie ein Beil und ihre Unterkante scharf wie ein Messer oder eine geschliffene Scherbe. Seit langem schon ist der Mechanismus, der die Öffnungszeit reguliert, in Unordnung geraten, mal bleibt die Scheibe länger offen, als der Besucher benötigt, um, die Frau auf der anderen Seite der Trennwand reizend, sich selbst Befriedigung zu verschaffen, mal löst sie sich schon aus der Verankerung, wenn er das Ziel seiner Begierde kaum mit den Fingerspitzen erreicht hat, saust herab und trennt ihm mit einem raschen Schnitt die Hand vom Arm.

Sagt man, der Mechanismus sei in Unordnung, stimmt das zwar, doch sei er es, versichert der Betreiber, mit Wissen seiner Kunden, weshalb, recht betrachtet, von Unordnung keine Rede sein könne, da es sich um eine von ihnen akzeptierte, gewollte Unordnung handle, ja, eigentlich müsse man sagen, daß erst durch das Herabfallen der Scheibe und die dadurch resultierende Verstümmelung die Ordnung hergestellt werde, wohingegen, bliebe die Scheibe in der Verankerung und die Verstümmelung aus, ein Rest zur Ordnung fehlte, da sich in dem Fall bei ihnen zwangsläufig das Gefühl einstellen müsse, um die letzte Möglichkeit, auf die sie doch vorbereitet seien, wenn sie den Geldschein falteten und in die Höhe hielten, betrogen zu werden.

Lieber heute als morgen würde der Mann, der sich nicht zu schade ist, am Verkaufsstand auszuhelfen, an dem sich das Laufpublikum mit Journalen, Gleitcremes, Gummis und Tinkturen in roten und weißen Flaschen eindeckt, den fehlerhaften Mechanismus gegen einen neuen austauschen lassen, stieße er dabei nicht auf den Widerstand eben jener Kunden, die ihm durch ihre Passion am meisten Sorgen bereiteten, an denen ihm als Geschäftsmann aber gelegen sein mußte.

Diese, gibt er zu bedenken, hätten nichts gemein mit jenen verwischten Gestalten, die sich heimlich, mit ein paar Münzen in der Tasche, die sie zuvor im Spielsalon nebenan wechselten, von der Straße hereindrückten, in die Zellen huschten und sie ebenso, ohne aufzublicken, wieder verließen, sondern es seien solche mit festen Konturen und herrischem Auftreten, die keinen Widerspruch duldeten, sondern ihn entweder durch das Geld, das sie ihm zusteckten, oder die Gewalt, die sie ausstrahlten, die Gewalt der Begierde, zwangen, ihnen das mit den Mädchen vereinbarte Zeichen zu verraten und die Zelle aufzuschließen, denn es ist nur eine Zelle, die mit dem Mechanismus ausgerüstet ist, die letzte, am Ende des Gangs, einem schummrigen, von roten und grünen Blitzen durchzuckten Schlauch.

Und was den Mechanismus betrifft, so ist keineswegs sicher, ob sich der Fehler erst mit der Zeit eingeschlichen hat oder ob er nicht von Anfang an da war, seit Einrichtung des Etablissements. Jedenfalls, klagt der Betreiber, habe es den Fehler, die Unordnung (wie immer Sie es nennen) schon gegeben, als er das Geschäft übernahm, wie es auch die Kunden schon vorher gegeben habe, denn durch sie erst sei er auf das Besondere der Zelle, den Mechanismus, die Vereinbarung, die sich durch das Geldscheinfalten herstellen ließ, aufmerksam gemacht worden.

Aber das, sagt er, während er das Cognacglas vom Tisch nimmt und zwischen den Handflächen hin- und herdreht, sei nicht der Grund, warum er um ein Gespräch gebeten habe, sondern etwas anderes. Zwar habe er sich daran gewöhnt, daß sie, kaum aus dem Krankenhaus entlassen, oft noch mit verbundenem Arm, wiederkämen, als sei nichts geschehen, um ihn zu bedrängen, daß er ihnen die Zelle erneut zugänglich mache, in der sie mit sich allein sein durften, bis ihnen, wie es nicht anders sein könne, auch die zweite Hand abgehackt würde – nun aber schlichen sie mit ihren Armstümpfen ums Haus, bauten sich an der Wand gegenüber dem Verkaufsstand auf und forderten, wann immer sie seiner ansichtig würden, daß er sie auch den Kopf durch die Luke stecken lasse, damit sie, oben ihre Arbeit mit der Zunge verrichtend und unten mit dem Glied gegen die Sperrholzwand stoßend, ihr Werk zu Ende bringen könnten.

Das erleuchtete Fenster

In diesen Tagen glaubte ich oft, daß die Gegenstände, die um mich waren, ein wüstes Gezeter anstimmten, als seien sie miteinander verfeindet, durch meine Schuld. Es kam mir vor, als hetzte ich sie, ohne daß ich es wollte, gegeneinander auf. Setzte ich mich nur auf einen Stuhl, schimpfte der andere schon los: Auf den setzt du dich! Warum nicht auf mich? Worauf der andere giftig zurückgab: Wer will sich auf eine Krücke, wie du bist, schon setzen? Dann stand ich schnell auf und setzte mich auf den, der so beleidigt worden war. Saß ich aber auf dem, fing der andere an zu greinen, daß ich undankbar sei und ihn, der mir so lange treu gedient habe, verrate, während der, auf dem ich saß, ihn einen eitlen Fatzke nannte, dem man am besten das Beil zwischen die Lehne schlage. Setzte ich mich nun auf einen dritten Stuhl, der sich bis dahin ruhig verhalten hatte, stieß dieser ein Triumphgeheul aus, und die beiden anderen fielen über ihn her, was für ein dämliches Gestell er sei und er solle bloß warten, bis ich hinausgegangen wäre, so daß ich mich schließlich gar nicht mehr setzte, sondern wie ein Fremder in meiner Wohnung stand, dem man versäumt hatte, einen Platz anzubieten.

Und wie mit den Stühlen erging es mir mit den anderen Gegenständen. Nahm ich eine Tasse aus dem Schrank, jammerten die anderen schon, womit sie meine Mißachtung nur verdient hätten, weshalb ich mir angewöhnte, den Kaffee auf alle Tassen gleichmäßig zu verteilen, aber dann wurde er schnell kalt und des Jammerns war trotzdem kein Ende, weil sie sich nun darüber zankten, aus welcher ich wohl zuerst trinken werde, und griff ich zur einen Tasse, brachen die anderen in ein Wutgeschrei aus, so daß ich aus der Küche rannte, die Jacke vom Haken riß und ins Café lief. Kam ich aber zurück, war im Korridor schlechte Stimmung, weil die anderen Jacken, ich besitze drei, vor sich hinmuffelten, ob sie mich wohl nicht ebensogut wärmten wie die, welche ich ihnen vorgezogen hätte, und hängte ich die Jacke, die ich angehabt hatte, an einen Haken, meckerten die Haken, an denen noch kein Kleidungsstück hing, gleich los, daß sie sich umsonst für mich krümmten.

Damals lief ich viel durch die Straßen und wünschte mir, ein anderer zu sein. Ich stellte mir die Leute, mit denen ich tauschen wollte, der Reihe nach vor, doch jedesmal, wenn ich denken wollte: der will ich sein, schrak ich zurück, so als hätte mich der Gedanke wirklich in den anderen verwandelt. Was wußte ich denn, dachte ich, über den, der ich sein wollte? Vielleicht packte er grad den Koffer fürs Krankenhaus, weil ein Tumor an ihm fraß, oder er stand in eben dieser Minute, in der ich mit ihm tauschen wollte, auf einem Stuhl und legte sich die Schlinge um den Hals. Hat er, als ich ihn das letzte Mal sah, nicht zu laut gelacht, kamen seine Antworten nicht zu schnell, trank er nicht zu hastig? Und warum hat er sich das Rauchen abgewöhnt? Und jener andere, der ich auch hätte sein mögen, mit seiner schönen, von allen begehrten Frau, war er denn sicher, daß sie sich nicht für jeden Taxifahrer hinlegte? Wußte er es schon, oder erfuhr er erst noch davon? Je länger ich über die Leute nachdachte, die ich für einen Tausch in Betracht gezogen hatte, um so deutlicher wurde mir, wie wenig ich über sie wußte. Bevor ich ein möglicherweise noch schlimmeres Los auf mich nahm, kehrte ich lieber in meine schreiende Wohnung zurück.

So dachte ich, als ich in der beginnenden Dämmerung ging. Eine kalte, fast möchte ich sagen, schöne Gelassenheit, wie nach einem dicken Stück Kuchen, hatte sich in mir breitgemacht. Der Weg führte, sich immer mehr verschattend, durch ein gutes Viertel mit Gärten wie Parks und stillen, sicher gebauten Häusern, an denen Grünes hochrankte, und da merkte ich schon, daß der Kuchen verdaut war und sich, wie eine leere Stelle, der Neid in mir dehnte. Habe ich Ihnen, dem ich doch fast alles erzähle, von meinem Neid berichtet? Er kommt anfallartig. Dann möchte ich hingehen, dem Nächstbesten den Hut vom Kopf schlagen und sagen: Das ist jetzt meiner. Sehe ich an der Ampel ein Auto halten, wie ich mir nie eins werde leisten können, möchte ich die Tür aufreißen und den Kerl herauszerren, der hinterm Steuer lümmelt, mich selbst hineinsetzen und weiterfahren. Ich könnte einem ohne weiteres den gefütterten Mantel aufknöpfen, ihn hinausstoßen in die Kälte, um mir das Ding umzulegen. Ich bin dann neidisch auf alles, auf die gepflegten Frauen, mit denen ich diese Kerle, die ihr Geld nur durch schmutzige Spekulationen erworben haben können, am Sonntagmittag spazierengehen sehe, auf die wohlerzogenen Kinder, die sie an der Hand führen, ja, sogar auf ihre Hunde, die in weiten eleganten Sprüngen um sie herumtoben und denen sie nur zu pfeifen brauchen, und schon laufen sie wieder, Schweif wedelnd, an ihrer Seite. So ist das, und ich schäme mich dafür nicht im geringsten, denn ich bin es ja, der darunter leidet, und wüßten sie, mit welchem Hunger ich sie betrachte, es machte sie nur noch fröhlicher.

In dieser Stimmung war ich eben, als ich, nicht weit von der Straße, das erleuchtete Fenster entdeckte, es war so tief, daß ich die Waden der Frau sehen konnte, die im Sessel saß, und so breit, daß ich einen guten Teil der Einrichtung überblicken konnte, die auf eine Weise im Raum verteilt war, daß jedes Möbelstück frei stand, ohne an ein anderes zu ecken, und gleichsam mit sich selbst prunkte. Überall im Raum waren kleine Lampen verteilt, die ein unaufdringliches Licht gaben, wie warmen Regen, und den Raum in seiner ganzen schönen Tiefe zeigten. Eine Leselampe mit geschwungenem Arm stand auf einem Tischchen neben dem Sessel mit der Frau, die mit stillem Gesicht in einem Buch las, und auf der anderen Seite des Tischchens, sich mit ihr das Licht teilend, saß in einem zweiten Sessel ein Mann, nicht älter als ich, und blätterte in der Zeitung des Tages, von der ich, nach meiner Flucht aus der Wohnung, an einem Kiosk nur die Schlagzeile überflogen hatte. Ja, dachte ich, eine solche Zeitung mußte einem der Bote morgens in den Kasten werfen, damit man sie abends bei einem Glas Sherry in Ruhe studieren konnte.

Inzwischen war es ganz dunkel geworden, die Straßenlaternen brannten und teilten die Straße in helle und dunkle Zonen auf, ich aber stand natürlich im Dunkeln, unmöglich, daß man mich aus dem Innern des Hauses sah. Der Wind fuhr mir mit kurzen, heftigen Stößen in den Kragen und ließ die Äste der alten Bäume über meinem Kopf häßlich knarren. Lange stand ich so und verbitterte mich immer mehr. Wer sagte das denn, daß ich immer nur der Zeuge des Glücks anderer sein sollte? Wer hatte das denn über mich beschlossen? Hatte ich mir nicht an den Scheiben der Antiquitätenläden die Nase nach einer solchen Leselampe mit schön geschwungenem Arm plattgedrückt? Verstand ich nicht den Geist, der hinter der Aufteilung des Raumes stand, war es nicht Geist von meinem Geist, der sich darin ausdrückte? Hätte ich nur einen Stuhl anders gestellt, nur ein Bild anders gehängt? Und jetzt, da der Kerl ihr ein Zeitungsblatt hinüberreichte, mit dem Finger auf eine Stelle deutend, die sie anscheinend interessierte, denn sie nahm es, ihre eigene Lektüre vernachlässigend, mit gespitztem Mund, wohl ein O formend, entgegen – wäre ich zu einer solchen Aufmerksamkeit etwa nicht fähig gewesen? War ich nicht wert, daß dieses O mein Ohr tröstete, der dankbarwarme Blick mir zugeworfen wurde? War nicht das Harmonische, dessen sich der Mann im Haus erfreute, von Anfang an das Ziel aller meiner Bestrebungen gewesen? Warum fiel es ihm zu, während ich draußen fröstelnd stand und den Kragen hochstellte gegen den Wind, der schärfer geworden war, ohne daß der Kragen freilich stehen blieb, zu oft war der Mantel durch eine billige Reinigung gegangen, die Appretur war zum Teufel. Ja, du, sagte der Kragen, denkst nur an dich, und die Schuhe sagten: Schneid ihn doch ab, den Nichtsnutz, der nicht parieren will. Ihr seid still, Treter, gab der Kragen zurück und legte sich eben, bevor ein neuer Windstoß kam, flach, so daß er meinen schutzlosen Hals, die Wange, das Ohr wie ein Schaufelschlag traf und ich mich krümmte. Wie wilder Zahnschmerz zog es mir durch den Kopf, und da sah ich, daß die beiden im Haus sich lachend zurückwarfen, jeder in seinen Sessel, und er mit langer schöner Hand, die aus einem weichen Strickärmel ragte, neben den Sessel langte und eine dunkle Flasche mit weißem Etikett hochhob, die vielleicht jene Sherryflasche war, an die ich zuvor gedacht hatte, sah, wie sie zum Zeichen des Einverständnisses das Köpfchen senkte, und in diesem Augenblick, mit dieser Geste, die so rührend wie zart war, hat sich alles entschieden.

Die ganze Zeit, die ich da stand und starrte, hatte ich schon gedacht, daß ich mit gleichem Recht dort sitzen konnte wie er, denn wir waren gleich, und keiner war, der bestimmen durfte, daß sich der eine im Sessel räkelte und den warmen Duft einer Frau einsog, mit Zeitung, Sherry und schöner Hand großartig tat, während der andere nur zugucken durfte. Mit gleichem Recht, dachte ich und pflückte schon den Stein, der mir wie von selbst in die Hand wuchs, sprang schon über den Zaun, zertrümmerte die Scheibe, trat mit den Schuhen die Scherben, die sich mir noch zackig in den Weg stellen wollten, aus dem Rahmen und kletterte ins Warme, Helle. Aber da, da war es nicht mehr das Gleiche, das ich von außen gesehen hatte. Ich wollte den Mann aus dem Sessel reißen, daß er an meiner Statt draußen stünde und aus dem Dunklen ins Helle starrte. Aber da war er schon, mit vor Schreck zerfallendem Gesicht, aufgesprungen. Bleiben Sie sitzen, rief ich der Frau zu, die, dem Beispiel ihres Mannes folgend, aus dem Sessel hüpfte, aber sie hörte nicht auf mich, sondern rannte mit spitzen Schreien aus ihrem O-Mündchen in die Tiefe des Zimmers, wo sie, den Rücken gegen die Wand gepreßt und weiter kleine dümmliche Schreie ausstoßend, stehenblieb, während ihr Mann, den ich ablösen wollte, nur bis zur Mitte des Zimmers lief, dann sich umwandte und breitbeinig aufbaute.

Gehen Sie raus, sagte ich zu ihm, aber ich sagte es schon nicht mehr mit Überzeugung, sondern mit Mattigkeit in der Stimme, ließ mich in seinen Sessel fallen und deutete mit der Hand auf den anderen Sessel, immer noch hoffend, daß die Frau zur Besinnung käme und in ihm Platz nähme, daß sie nach ihrem Buch griffe und wie vorher tat, als ich draußen gestanden hatte, damit ich meinerseits die Zeitung aufheben konnte, die zu Boden gefallen war, um auf die Stelle zu zeigen, die sie vorhin interessiert hatte, und sie mir mit warmem Lächeln, in das sich Zärtlichkeit und geheimes Verstehen mischten, danken konnte. Aber sie rieb weiter ihren schönen Rücken gegen die Wand und stierte zu mir herüber, als sei ich ein Untier und nicht gekommen, um Freundlichkeiten mit ihr zu tauschen.

Nun ist es ohnehin nicht mehr, was es war, dachte ich und sah mit einer kleinen Genugtuung, wie der Wind Blätter durch die Fensterhöhlung warf, die Zeitung zerknüllte, dem Mann mit groben Fingern ins Haar fuhr. Gehen Sie doch raus, sagte ich noch einmal, fast flehend, zu ihm, aber er ging nur, immer wieder zu mir herüberschielend, bis zum Telefon und hob den Hörer ab. Und da hörte ich, während ich mich erschöpft im Sessel zurücklehnte, den einen Schuh zum anderen sagen, was das für ein Leben sei, die ganze Zeit durch die Straßen getreten werden und nun diese scharfen Scherben, besser noch, sagte der andere, als dumm zu Haus in der Ecke stehen, und ich dachte, sie aus halb geschlossenen Lidern betrachtend, daß ich mir wohl neue Schuhe kaufen müßte. Die hier sahen wirklich schon sehr müde aus.

3

Friedensplatz

Aus dem blauen Notizbuch

Der Sandsturm

Diesmal komme ich aus nordwestlicher Richtung in die Stadt, mit einem doppelstöckigen Bus, dessen Fenster getönt sind. Die Sitze lassen sich, wie im Zug und im Flugzeug, zurückstellen, und die Kopfstützen haben Schonbezüge aus einem weißen genoppten Stoff.

Draußen wechseln niedrige Kiefern- und Birkenwälder mit Äckern ab, auf denen, mit viel Abstand dazwischen, dünne Streifen Getreide wachsen; es ist Anfang April, und die Halme stehen, vielleicht weil der Winter bis in den März hinein gedauert hat, bloß eine Handbreit hoch. Der Wind wirbelt Sandfontänen auf, die einen Moment in der Luft stehen und wieder zusammenfallen; Rehe, weit weg, mit gesenkten Köpfen; der spitze Turm einer Kirche, der aus einer Senke aufragt.

Ein junger Mann in Radlermontur, aber ohne Rad, sitzt auf der anderen Gangseite und blättert in einer Zeitung, die, ein Service der Busgesellschaft, auf dem Sitz neben der vorderen Tür gelegen hat. Nach einer Weile muß ich wohl eingenickt sein, und als ich wieder aufwache, ist es, obwohl nur ein paar Minuten vergangen sein können, dunkel geworden, beinahe dunkel.

Eine graue Wand, höher als ein vierstöckiges Haus, rückt von links über den Acker heran, und gleich darauf prasselt es gegen die Blechhaut. Wir sind im Bus, und der Bus ist im Sand, der sich an ihm reibt, eingeschlossen. Nun ist es ganz dunkel, und als es wieder hell wird, türmen sich kleine Sanddünen an den Leitplanken.

Der Radfahrer ohne Rad sitzt schreckensbleich in seinem Sitz, während ich dem Sandhaus nachschaue, das rasch nach rechts hin über den Acker davonfliegt. Und eine Stunde danach steige ich, vielleicht, weil keiner den Vorfall auch nur mit einem Wort erwähnt hat, mit dem Gefühl einer ganz neuen Gefährdung am Bahnhof Zoo aus dem Bus. Die Treppe, die zur U-Bahn hinabführt, ist mit weißen Federn übersät, als hätte jemand ein Huhn geschlachtet, tatsächlich fallen die Federn aus einem Kopfkissen, das ein Obdachloser hinter sich herschleift.

Das Hotel

Ich wohne, wie vor einem Jahr, in dem Teil der Stadt, den ich nicht so gut kenne wie den anderen, im östlichen also. Von der Straße ab geht der Weg durch drei kleiner werdende Höfe zu einem Quergebäude, über dessen Glastür abends die grüne Neonschrift *Hotel* leuchtet. Eine enge Treppe führt zum Zimmer hinauf. Durchs Fenster, vor dem ein wackliger Tisch mit geschwungenen Beinen steht, schaue ich auf eine gelbe Klinkermauer; dahinter der letzte Hof des angrenzenden Straßenzugs. Die Stehlampe hat zwei biegsame Arme mit je einer Vierzig-Watt-Birne, die in tütenförmigen Stofflampenschirmen stekken und ein schummriges Licht werfen.

Im Frühstücksraum hängen Bilder von Varietékünstlern, die früher hier abgestiegen sind, sie heißen Mizzi und Ralf, die beiden Rosies oder der Große Hungerer, letzter, wie auf dem Bild zu sehen, ein hochaufgeschossener Mann mit griesgrämigem Gesicht und langen, dürren Gliedern, die in einem enganliegenden schwarzen Trikot stecken.

Jetzt sind es vor allem Bauarbeiter, die hier wohnen, rauhe Burschen, die am Potsdamer Platz arbeiten und sich abends, wenn sie hereinkommen, eine Bierflasche zwischen Zeige- und Mittelfinger schlenkernd, in die Sessel vorm Empfangstresen fläzen.

Dort, in einer Vase, blühen die Zweige, die der Portier von der Kastanie im Hof geschnitten hat, es ist ein bißchen Frühling hier, draußen aber ist es so kalt, daß ich nachts einmal, als ich zurückkomme, sehe, wie sich vier junge Mädchen an den Händen fassen und auf- und abspringen, um sich zu wärmen, während einen halben Meter weiter eine Ratte über den Bordstein läuft, bevor sie im Gulli verschwindet. Mal regnet es, mal scheint die Sonne, dann wieder fällt Schnee, aber dauernd geht ein Wind, der einen frösteln läßt.

Diesmal bin ich absichtslos hier, nach Abschluß einer längeren, mit großer Konzentration ausgeführten Arbeit. Absichtslos? Will sagen, ohne Verpflichtung, so daß ich Zeit habe, das zu tun, wozu ich seit Monaten nicht gekommen bin, und das mir dennoch, seit ich zurückdenken kann, beinahe das Liebste ist: mit dem Notizbuch herumgehen.

Leute

Das Mädchen mit dem herzförmig geschminkten, schwarzumrandeten Mund und dem weißen T-Shirt, auf dem quer über der Brust *Navigare vivere est* steht

Die jungen Polinnen, die illegal in der Stadt wohnen und denen in der U-Bahn, unterwegs von einer Putzstelle zur anderen, vor Müdigkeit die Augen zufallen

Der Briefleser mit dem schulterlangen weißen Haar, der in einen Stoß eng beschriebener Seiten vertieft ist, in der S-Bahn von Friedrichstraße zum Zoo, in der U-Bahn vom Zoo zum Leopoldplatz, vom Leopoldplatz nach Alt-Tegel, auf der Bank an der Bushaltestelle und noch im Bus von Alt-Tegel hinaus nach Konradshöhe

Das dürre Mädchen mit den Ringen an Unterlippe und Augenbraue, das auf Plateauschuhen am S-Bahn-Ausgang Friedrichstraße herumlungert, von einem Döner abbeißt und sich, das Dönerstück zwischen den Zähnen, zu einem kleinen schweinsäugigen Muskelpaket von Kampfhund hinunterbeugt, um es sich von ihm aus dem Mund nehmen zu lassen

Die Osteuropäer, Russen, Polen und Balten, die man vielleicht weniger an ihrem Akzent, den hohen Backenknochen, den geröteten Bauerngesichtern und den dünnen, immer zu engen Fischgrätmänteln erkennt als vielmehr an ihren unsicher blickenden Augen und der ausgesuchten Höflichkeit, mit der sie noch dem letzten Rabauken von Kellner begegnen

Der Junge in der schwarzen Lederkluft an der Bushaltestelle, der zu dem Mädchen mit der knallroten Stoppelfrisur, das seinen Kopf auf seine Schulter gelegt hat, mit äußerstem Nachdruck sagt: Du mußt was machen, worauf diese erwidert: Aber, verstehste nich, daß ich gar nichts machen kann, worauf er eine Weile überlegt und dann sagt: Doch versteh ich, aber machen mußte was, verstehste

Die beiden, Mann und Frau in der U-Bahn: ungefähr gleich alt, mit der gleichen dunklen Hautfarbe, auch ähnlich gekleidet, beide im Trenchcoat, sie mit gelbem Strickschal, er mit rotem, ein Paar zweifellos, unterwegs zu einer Abendeinladung – bis sich die Frau, als auf der anderen

Gangseite ein Platz frei wird, wegsetzt, und nun sind sie kein Paar mehr, und man wundert sich, warum man das eben noch dachte

Der Große Hungerer

Ja, erklärt der Portier, der sich an meinen Tisch gesetzt hat, er hat seinen Namen von seinem unstillbaren Hunger, den er Abend für Abend im Varieté unter Beweis stellt. Während die anderen Künstler ihre Kunststücke vorführen, also während geschlagener zwei Stunden (oder wie lange immer die Vorstellung dauert), sitzt er auf einem mitten im Zuschauerraum errichteten Podest und verdrückt große Mengen von Essen, die ihm gereicht werden, Suppen, Kartoffeln, Fleisch und Fisch, aber auch das, was ihm das Publikum von zu Hause mitgebracht oder in der Pause von der Straße besorgt hat, Bratwürste, Hühnerkeulen, Äpfel, Bananen, Orangen. Und wenn man schon glaubt, nun gehe nichts mehr in ihn hinein, kommen neue Kartoffel- und Fleischberge, die er ebenfalls, ohne das geringste Anzeichen von Sättigung und ohne jemals auch nur ein einziges Gramm zuzunehmen, in sich hineinschlingt. Er ist so dürr, wie Sie hier ihn auf dem Bild sehen.

Sie kennen ihn?

Aber sicher.

Der Große Hungerer? Müßte er nach allem, was Sie erzählt haben, nicht anders heißen?

Er überlegt.

Tcha, sagt er, aber er heißt nun mal so.

Und folgt mir, als ich losgehe, durch die drei Höfe hinaus auf die Straße. Übrigens ist er nicht wie ein Portier gekleidet, sondern eher so, wie man sich einen Künstler vorstellt, der mit schweren Materialien umgeht, Holz oder Eisen; er trägt grobe hohe Schuhe, aus denen, da er sie nicht zubindet, die Laschen heraushängen; olivgrüne Hosen und eine Weste, die mich mit ihren dicht über- und nebeneinandergesetzten Außentaschen (in denen bestenfalls ein Radiergummi oder eine Münze Platz hat) an einen Weihnachtskalender erinnert.

Hier und da

Wie aus der Steinzeitsavanne in die Fußgängerzone verschlagen, mit tief in den Höhlen liegenden Augen, dicken Augenwülsten, aufgeworfenen Lippen und witternden Nasenflügeln, von denen zwei tiefe Falten zu den Mundwinkeln hinabführen, sitzt er auf dem Rand der Betonschale und beobachtet, ohne das geringste Anzeichen von Begreifen (auch ohne den Kopf zu wenden, nur die Augen bewegen sich), die Leute, die mit ihren Plastiktüten vorübergehen. Seine Arme sind über den Knien verschränkt, sein Gesicht und die Hände, die aus den Ärmeln hervorschauen, voller Abschürfungen.

In den Telefonzellen stehen Ausländer und führen lange Gespräche mit Bangkok oder Warschau.

In diesem Sommer (der auf sich warten läßt) träumt ganz Berlin von Pan Pan. Das ist chinesisch und bedeutet »der oder die Langerwartete«. Yan Yan hatte gestern großen Appetit. Vielleicht muß sie ja bald für zwei essen.

In einem Café in der Knesebeckstraße zwei junge Männer mit kurzgeschorenen Haaren, die sich an den Händen halten und sich, nachdem ihnen die Bedienung Sekt gebracht hat, über die erhobenen Gläser hinweg in die Augen schauen, dann die Gläser aneinanderklirren lassen und einen vorsichtigen Schluck nehmen, um, nachdem sie die Gläser wieder abgestellt haben, wie zwei kleine Mädchen miteinander zu tuscheln, der eine den Mund am Ohr des anderen.

Und als ich eine Viertelstunde später wieder hinschaue, sitzen zwei andere Männer da, die ebenso miteinander tuscheln und sich ebenso zärtlich anschauen. Es sind dieselben Gesten und Bewegungen, die sie ausführen, und auf ihren Gesichtern liegt derselbe Widerschein jungen Glücks, so daß ich einen Moment brauche, um zu begreifen, daß es sich nicht um dieselben handelt, die ich vorher gesehen habe.

Der Junge mit dem schorfigen Gesicht, der die U-Bahn-Tür aufschiebt und, ohne die Leute anzusehen, durch den Wagen geht, dabei wie eine Litanei oder eine Schallplatte, die einen Sprung hat, wiederholend: Guten Abend, haben Sie ein bißchen Kleingeld bitte? Guten Abend, haben Sie ein bißchen Kleingeld bitte ...

Aber er geht schnell, ohne Hoffnung also, daß man ihm etwas gibt, so daß man, selbst wenn man ihm etwas geben wollte, gar keine Zeit hätte, das Portemonnaie hervorzuholen. Eine Station weiter steigt er am anderen Wagenende wieder aus und tritt in den nächsten Wagen.

Auf dem Schoß der Mutter das Kind, auf dem Schoß des Kindes eine Puppe, auf deren Schoß eine noch kleinere Puppe.

Die siebzehnjährige Silvia S. aus Moabit hat sich aus tiefem Kummer ins Wohnzimmer verkrochen, mit neunzig Schlaftabletten, die sie sich in verschiedenen Apotheken besorgt hatte.

Die Hälfte hat sie bereits geschluckt, als ihre Mutter hereinkommt, die siebenunddreißigjährige Renate S. Sie stutzt. Dann ruft sie: Warte!, rennt hinaus, kommt mit der Videokamera zurück, richtet sie auf ihre Tochter und ruft: Mach weiter! Sie filmt das Mädchen, wie es eine Tablette nach der anderen schluckt. Schließlich drückt sie ihrer Tochter die Kamera in die Hand, setzt sich in Positur und bittet nun diese, sie aufzunehmen. Warum machst du das, fragt sie. Warum tust du mir das an? Worauf das Mädchen antwortet: Die Welt ist schlecht, ich will sterben. Erst dreißig Minuten danach, als es in einen tiefen Schlaf gefallen ist, ruft die Mutter den Notarzt, der ihm den Magen auspumpt.

Das Mädchen

Von der Tram aus, mit der ich die Greifswalder Straße hochfahre, sehe ich den *Waschsalon Gisela,* er heißt nicht Nicole, Nadine oder Stefanie, sondern hat diesen heute fast altmodisch anmutenden Namen.

Und sofort erinnere ich mich an ein Mädchen, das so hieß. Da sie durch all die Jahre hindurch die einzige Gisela geblieben ist, die ich kenne, ist es tatsächlich nur sie, die mir entgegentritt, wenn ich den Namen lese. Stoße ich dagegen auf die Namen anderer, die ich ebenfalls gekannt habe, überlagern sich die Gesichter: Haare wachsen da, wo die Nase sein sollte, Augen zwinkern in geöffneten Mündern, und wo bei einer der Fuß hingehört, langt eine Hand her. Und immer ist es so verraucht, daß man die Fenster öffnen möchte.

Sie aber ist Nichtraucherin geblieben und in meiner Erinnerung so klein, daß ich sie in die Tasche stecken könnte, paßte das Enge, Dunkle zu ihr und nicht das Luftige, Leichte, Helle. Wäre eine Pflanze nach ihr zu benennen, taufte ich die harmlose Kamille so, die neben dem häßlichen Huflattich wächst und sich nicht schämt.

Alles an ihr, was an einem Mädchen kurz sein konnte, war kurz. Sie trat auf kurzen Beinen durch die Tür, und wir gingen die Straße hinunter zur Schule, wobei sie, wenn ich einen Schritt machte, zwei machen mußte; zweimal schlug ihr Schwamm gegen den Ranzen, einmal meiner. Nur daß wir schweigend nebeneinander hergingen, war uns gemein, und daß wir es auf Geheiß unserer Eltern taten, die uns Nachbarskinder aufeinandergehetzt hatten, damit wir uns gegenseitig halfen und zu Höchstleistungen anspornten. Ach, wie viele Kinderehen sind so gestiftet worden, wenn die Eltern meinten, das Kind, das sie ihrem beigesellten, sei klug, weil auch dessen Eltern für klug galten! Gleich hieß es: Halt dich an die oder den!, und man sah's gern, wenn sie nebeneinanderhertrotteten und die Schwämme gegen die Ranzen schlugen, während die Kinder, im heimlichen Haß aufeinander, vor sich hin schwiegen, bis sie endlich das Gewimmel des Schulhofs aufnahm und voneinander erlöste.

Sie aber, will mir heute scheinen, war nicht zum Hassen geeignet, da sie, ungeachtet ihrer schweren roten Zöpfe (und der durchsichtigen Haut, der jeder Sonnenstrahl Sommersprossen antat), leicht neben mir ging, ohne Aufhebens, und mir, wenn wir uns auf dem Schulhof trennen durften, höchstens einen Blick unter ihren kurzen hellen

Wimpern hervor nachschickte, der wie ein Knicks war und mich nicht verriet, sowie ich sie hoffentlich auch nicht verraten habe, indem ich etwa, wenn ihre Freundinnen herantraten, länger an ihrer Seite blieb, als es ihr recht war. Denn immer war in uns die Furcht, daß wir mit einem Jungen oder einem Mädchen zusammen gesehen wurden und man uns nachrufen konnte: Der hat's mit der, oder die hat's mit dem! An den Hauswänden, an denen wir vorbeikamen, waren mit Kreide die Herbstdrachen ähnlichen Vierecke mit dem Strich in der Mitte gemalt, die, wie wir schamhaft wußten, etwas anderes darstellten. Sagte einer nur: An der Ecke, fingen wir schon an zu kichern, weil wir im stillen ergänzten: ... steht ein Mann.

Ein Jahr lang saßen wir in derselben Bank. Wurden wir nachmittags zum Lernen zusammengesperrt, waren die Aufgaben schon erledigt. Wir schlugen die Hefte auf und schauten, solange ihre oder meine Mutter noch im Zimmer waren, hinein, doch kaum hörten wir in unserem Rücken das Klappen der Tür, schlugen wir sie wieder zu. Später, als es nicht mehr bloß um Rechtschreibung, Malnehmen, Teilen ging, hätten wir einander vielleicht von Nutzen sein können, aber da war ich mit meinen Eltern schon über die Grenze gezogen, und sie blieb für mich die, die sie damals war.

Hätte ich ihr einen Beruf aussuchen dürfen, wäre sie ihrer geduldigen sanften Augen wegen Krankenschwester geworden. Sie wäre verheiratet und hätte zwei Kinder, Mädchen, mit ebenfalls roten Zöpfen. Sie wäre seßhaft und bewältigte die Dinge des Alltags, die mir soviel Mühe bereiten, mit Leichtigkeit.

Doch tatsächlich verhält es sich ganz anders. Das Abitur, hörte ich, habe sie leicht geschafft. Danach habe sie studiert, das Studium jedoch aus Gründen, die mir entfallen sind, kurz vor dem Examen abgebrochen. Heute ziehe sie, die ich mir seßhaft vorgestellt hatte, von Stadt zu Stadt, arbeite mal als Verkäuferin in einem Blumenladen, mal als Kellnerin.

Tirana

Überraschend ist der Große Hungerer eingetroffen. Er reist mit kleinem Gepäck. Eine Plastiktasche, in der sein Trikot steckt, ist neben einem Beutel mit Vorräten praktisch alles, was er dabeihat.

Als ich am Abend ins Hotel komme, sitzt er mit dem Portier im Frühstücksraum, vor sich eine Tüte mit Salzstangen, aus der er sich unentwegt bedient. Er ist ein Mann von unbestimmbarem Alter; er hat, was auf dem Bild nicht zu sehen ist, dünnes blondes Haar, das bei jeder Kopfbewegung, die er macht, auffliegt, und erzählt, als ich mich dazusetze, mit quäkender Stimme eine Geschichte, die er während eines Gastspiels in Tirana erlebt hat, ein Jahr nach dem Sturz des letzten Diktators.

Nach der Vorstellung, er war gerade dabei, sein Trikot abzulegen, kam der Leiter der staatlichen Presseagentur in seine Garderobe, räusperte sich und sagte, nun habe man eine Überraschung für ihn, ein Festessen im ehemaligen Bunker von Enver Hodscha, an dem auch die Vertreter eines internationalen Bankenkonsortiums teilnähmen, weit herumgekommene Leute, die der Vorstellung beigewohnt und über sein Kunststück sehr gestaunt hätten.

Sie gingen hinaus zu einem Auto, das vor der Tür wartete, fuhren kreuz und quer durch die dunkle Stadt und hielten schließlich vor einem unscheinbaren einstöckigen

Haus, das sich in nichts von den anderen Häusern der Straße unterschied, und auch als sie eintraten, hatte er eher das Gefühl, in ein ärmliches Wohnhaus zu kommen als in einen Bunker.

Es bestand nur aus einem einzigen Zimmer, in dem sich gerade zwei wacklige Stühle befanden, ein ebensolcher Tisch, eine Liege und ein alter Schrank. Wo sollte es da einen Bunker geben? Doch dann öffnete der Leiter der Presseagentur den Schrank, danach eine zweite Tür im Innern des Schranks, und hinter dieser nun führte eine steile Treppe hinab, zu einem Absatz, hinter dem eine womöglich noch steilere Treppe begann; sie stiegen die Stufen hinab und gelangten an eine Stahltür, die sich wie ein Tresor mit Hilfe eines Rads, das in ihrer Mitte angebracht war, öffnen ließ.

Und nun traten sie, der Leiter der Presseagentur voran, in eine Art Höhle, die nur notdürftig von ein paar rußenden Fackeln erhellt war. Es tropfte von der Decke, das Wasser lief in kleinen Rinnsalen an den Wänden herab, und da, wo der Fußboden hätte sein müssen, breitete sich ein See aus. Der Boden der Höhle war, wenn auch, wie man dann sah, nur knöchelhoch, restlos mit Wasser bedeckt, und mittendrin war die Festtafel aufgebaut, zu der man über zwei nebeneinandergelegte, auf Betonklötzen ruhende Bretter gelangte; die Füße stellte man auf Holzleisten, die zwischen die Tischbeine genagelt waren.

An den Wänden, sofern man von Wänden reden konnte, gab es große Farbfotografien von Enver Hodscha, die verkehrt herum aufgehängt waren; verkehrt herum, mit dem Hals nach oben, auch der Kopf des Diktators, der von einem Denkmal abgeschlagen war und in der Nähe des Tischs als eine Art Kerzenhalter im Wasser stand. Überhaupt waren neben den Fackeln die Kerzen auf dem Tisch und auf dem Hals des Diktators die einzige Beleuchtung, so daß es immer wieder aufzischte, wenn sich ein Tropfen von der Decke löste und auf den Tisch fiel.

Und das Essen? frage ich den Großen Hungerer, worauf er abwinkt und mit seiner quäkenden Stimme sagt: Ach, als hätten es die Konsortiumsvertreter geahnt! Keiner von ihnen erschien, so daß ich allein mit dem Pressemann an der Tafel Platz nahm und allein mit ihm aß, das heißt, solange er mithalten konnte – es gab Hühnchen, Hühnchen und noch einmal Hühnchen, die von gierig blickenden jungen Männern in Gummistiefeln serviert wurden. Das können Sie quasi vergessen.

Zwei junge Frauen

Ich habe elf Jahre hier gewohnt, und in diesen elf Jahren nacheinander in fünf Stadtteilen: in Friedenau, Steglitz, Alt-Tempelhof, Charlottenburg und Kreuzberg.

Aber während es gewöhnlich so ist, daß man aus einer kleinen Wohnung in eine größere zieht, war es bei mir genau umgekehrt. Am Anfang war es eine Sechs-Zimmer-Wohnung, in der ich wohnte, mit einer großen Diele und einem nach hinten wegführenden Gang, an dessen Ende die Küche lag (und hinter dieser die Mädchenkammer), und nach zehn Jahren nur noch ein einziges Zimmer, oder sagen wir, anderthalb, die auf einen dunklen Hinterhof zeigten.

Und mit jedem Umzug habe ich auch einen Teil meiner Einrichtung verloren, es wurde immer weniger, was ich besaß. Dabei ist es nicht so, daß ich von den Frauen, die in den vorigen Wohnungen zurückblieben, ausgenutzt worden wäre, nein, es war nur so, daß ich in der einen Wohnung dies ließ und in der anderen das, bis ich beinahe so wenig übrigbehielt, daß es auf einen kleinen Wagen gepaßt hätte. Es war eine Mischung von Besitzverachtung und Leichtsinn, die mich die Dinge verlieren ließ, bis ich es satt hatte, immer ärmer zu werden, und in eine andere Stadt zog.

Das ist zwanzig Jahre her. Und noch länger, über vierzig, daß ich mit meiner Mutter öfter in eine Straße fuhr, die von der Potsdamer abzweigt, oder besser, sie kreuzt.

Wir gingen in ein Haus, dessen Fassade voller Einschußlöcher war, stiegen die Treppe hoch, und wenn wir klingelten, öffnete eine wasserstoffblonde Schönheit, die uns mit großer Geste hereinbat; eine Freundin meiner Mutter, sie stammten aus derselben Stadt, aus derselben Straße. Waren sie nicht auch in einer Klasse gewesen? Wir blieben eine Stunde, brachen dann wieder auf, und entweder kam die Blonde mit zum Kurfürstendamm, so daß wir gemeinsam, ich zwischen ihnen, an den Schaufenstern vorbeibummelten, oder sie kam nur ein Stück mit und ging dann in einen Blumenladen, in dem sie arbeitete oder der ihr gehörte.

Neben der Haustür, weiß ich noch, gab es eine zweite Tür, die zu einer Kohlenhandlung hinabführte. Wenn wir hinaustraten, machten sie aus Sorge um ihre hellen Schuhe, ihre hellen Kleider um den Kohlenstaub vorm Kellerloch einen großen Bogen.

Wenn die Blonde nur bis zum Laden mitkam, trat sie ein, öffnete die Kasse, nahm ein paar Scheine heraus, schob sie in einen Umschlag und gab ihn meiner Mutter, und wenn sich die beiden danach verabschiedeten, füllten sich die Augen der Blonden mit Tränen, so daß ich eine Ahnung von ihrem Leid bekam: Ihr Mann lebte noch in der Kleinstadt, in die wir am Abend zurückkehren würden, für ihn war das Geld bestimmt beziehungsweise das, was meine Mutter davon kaufen sollte, um es ihm mitzunehmen.

Warum wohnt er da und sie hier? fragte ich sie, worauf sie die Hand hob und mir mit dem Finger auf die Nase stupste: Erwachsenengeschichten.

Einmal, als wir im Kaufhaus waren, drehte ich mich auf der Rolltreppe nach ihr um; da ich zwei oder drei Stufen über ihr stand, waren wir beinahe gleich groß. Ihre Arme, die aus den Ärmeln hervorschauten, ihr Gesicht und ihr Hals waren vom vielen Herumlaufen auf der Straße gebräunt, und über ihrem Haar lag ein rötlicher Schimmer.

Na du, sagte sie, zwinkerte mir zu und faßte mich, damit ich nicht stürzte, wenn die Rolltreppe oben ankam, bei den Händen.

Wie alt war ich damals? Sechs oder sieben? Und sie? Dreißig? Und hatte wie lange noch zu leben?

Heute ist das Haus, in dem ihre Freundin wohnte, Sitz einer Hausmeister-Service GmbH (was immer das heißt). Die Kohlenkellertür ist durch eine neue ersetzt worden, an der ein Blechschild mit dem eingestanzten Firmennamen *Design Depot* hängt, und auf der Klingelleiste neben der Haustür stehen neben deutschen vor allem türkische Namen, aber auch der indisch klingende Taore und schließlich – wie auf den Heften mit den blaustichigen Umschlägen, die ich ein paar Jahre später gelesen habe, als wir nicht mehr nach Westberlin fuhren, weil wir aus dem Osten in den Westen übergewechselt waren, in den richtigen, meine ich – der Name Jenkins. Schräg gegenüber ein

Lokal, zu dem ein paar Stufen hinaufführen, mit der Mampe-Halb-und-Halb-Reklame im Fenster, die es, wie das Lokal, schon damals gegeben hat.

Besuch

War es in der zweiten Wohnung, die nicht mehr sechs Zimmer hatte, sondern nur noch fünf, dafür aber eines mit einer Loggia und ein anderes mit einem rundherum verglasten Erker, in dem man wie in einem Ausguck saß?

Ja, diese Wohnung, die im vierten Stock eines großen Bürgerhauses lag, am Ende einer ruhigen, von hohen Bäumen gesäumten Straße, war es, in der die drei Frauen für ein paar Tage die Herrschaft übernommen haben, so daß meine Freundin und ich zu Hanswürsten degradiert wurden, zu Brötchenholern und Kaffeekochern der Revolution, die sie mit der Befreiung des Großmauls aus dem Leseraum des Dahlemer Instituts eingeläutet zu haben glaubten, während ich dachte, daß damit der Spaß, den wir gehabt hatten, vorbei sei. Einer von ihnen hatte auf den Institutsangestellten geschossen. Der Mann lag mit lebensgefährlichen Verletzungen im Krankenhaus, und nach ihnen wurde überall gefahndet. Nun gab es kein Zurück mehr zu den mal federleichten, mal bleischweren Worten, in denen die Hoffnungen einer halben Generation aufgehoben waren, sondern nur noch das dumme Entweder-Oder.

Das Haus gehörte der Witwe eines Spediteurs, die mit ihrer Tochter, einer unverheirateten Frau, einen Stock unter uns wohnte.

Wenn wir an ihrer Wohnung vorbeigingen, öffnete sich die Tür, und wenn wir uns umdrehten, sahen wir im Türspalt ein Auge, das uns nachschaute; tagsüber war es das Auge der Mutter und abends, wenn die Mutter schlief, das der Tochter. So war es, gleich, ob wir weggingen oder zurückkamen, tagsüber und nachts. Immer lauerte das Auge hinter dem Türspalt. Erst wenn wir den Treppenabsatz erreicht hatten, hörten wir, wie sich die Tür wieder schloß. Und daran, daß sie ihre Neugier offen zeigten, sahen wir, daß sie nicht etwa ein schlechtes Gewissen hatten, wenn sie uns nachspionierten, sondern es für ihr gutes Recht hielten, ihre Mieter zu überwachen. Oder, da wir erst vor kurzem eingezogen waren, wenigstens uns.

Auf der Vitrine im dumpfdunklen Wohnzimmer, in das uns die Wirtin geführt hatte, um den Vertrag zu unterschreiben, stand zwischen lauter Nippesfiguren aus Glas ein silberner Rahmen mit dem Bild ihres Mannes, der streng herüberschaute.

Eine der drei Frauen, die an jenem Maitag in unsere Wohnung kamen, kannten wir, wenn auch nur flüchtig. (Sie war es, wegen der wir uns bereit erklärt hatten, auch die beiden anderen aufzunehmen.) In diesen Tagen leuchtete ihr Gesicht von jeder Litfaßsäule, von jedem Post- und Bankschalter, ja, sogar noch an den Straßenbäumen hingen die Fahndungsplakate mit ihrem Madonnengesicht, das von dunklem Haar eingerahmt war.

Sie klingelte am Nachmittag an der Tür; ihr Haar hatte sie abgeschnitten und blond gefärbt. Dennoch erkannte ich sie sofort. Und ebenso, dachte ich, würde sie auch die Alte erkennen, wenn sie ihr Auge an den Türspalt legte, um zu sehen, wer da durchs Haus ging. Oder ihre Tochter, wenn ihr die Frau auf der Treppe begegnete (es war die Zeit, zu der sie aus dem Büro kam).

Geh nicht, sagte ich deshalb, als sie sich anschickte, die beiden anderen heraufzuholen, die im Auto sitzen geblieben waren. Laß mich gehen. Nein. Warum? Sie könnten glauben, es sei eine Falle.

Also wartete ich in der Wohnung, neben der Tür, die angelehnt blieb. Nach einer Weile hörte ich sie die Treppe heraufkommen, laut miteinander redend, voran eine Grobgesichtige mit einem Kerlsgehabe, die die Daumen in den Hosenbund gehakt hatte. Sie ging an mir vorbei in den Flur, stieß die Türen auf, warf einen Blick in jedes Zimmer und ließ sich, als sie alles zu ihrer Zufriedenheit fand, in einen Sessel fallen.

So sehe ich sie bis heute, schräg im Sessel, die Beine über der Lehne, und höre dann ihre polternde Stimme: Mach dies! Mach das! Der Sessel war ihr Platz, während sich die andere den Erker aussuchte. Dort stand sie oft und schaute hinaus. Sie war klein, zierlich und hatte ein Kindergesicht, dem man anmerkte, welche Mühe es sie kostete, sich den Anschein grimmiger Entschlossenheit zu geben, von der sie wohl annahm, daß sie zu ihrer Rolle gehörte. Wenn sie sich unbeobachtet glaubte, entspannte sich ihr Gesicht, und etwas Verträumtes, Mädchenhaftes kehrte in ihre Züge zurück. Manchmal ging sie an den Bücherregalen vorbei, hielt den Kopf schräg, um die Titel besser lesen zu können, und summte ein Lied.

Die beiden waren jünger als die, die wir kannten, Mädchen, während diese kein Mädchen mehr war, sondern eine erwachsene Frau mit einer langen Geschichte; Journalistin, geschieden, zwei Kinder.

Manchmal, wenn ich in meinem Zimmer saß, klopfte

es, und wenn ich *herein* rief, öffnete sie die Tür und fragte, ob sie telefonieren oder die Schreibmaschine benutzen dürfe. Sie müsse ihren Anwalt anrufen oder einen Brief schreiben, wegen ihrer Kinder, der Zwillinge, mit denen sie aus der Villa, in der sie vorher gelebt hatte, ausgezogen war, um nach Berlin zu gehen, und die nun, nachdem in den Zeitungen gestanden hatte, daß sie in den Untergrund gegangen war, von ihrem geschiedenen Mann abgeholt worden waren und bei ihm lebten. Bei dem durften sie nicht bleiben, auf keinen Fall.

Ich ging hinaus, und wenn ich nach einer halben Stunde zurückkam, saß sie am Schreibtisch, die Beine hochgezogen, die Hände vor den Knien verschränkt, und schaute vor sich hin. Setzte ich mich dazu, legte sie eine Hand auf die Stuhllehne, während sie mit der anderen weiter das eine Knie umklammert hielt. Das wiederholte sich jeden Tag, bis mir klar wurde, daß sie nicht nur zum Telefonieren und Briefeschreiben in mein Zimmer kam, sondern auch, um allein zu sein, einen Moment ohne die anderen.

Es bedrückte sie, daß der Mann im Krankenhaus sterben könnte. Andererseits, waren es nicht die Zeitungen des Feindes, in denen das stand, so daß es vielleicht gar nicht stimmte? Damit beruhigte sie sich. Es mußte nicht stimmen, was da stand. Aber wenn es doch stimmte? Sie sprach leise, zögernd, kam aber eines der Mädchen dazu, straffte sie sich und begann so zu reden wie sie. Der Mann im Krankenhaus? Pah! Die Zwillinge? Entführen, mitnehmen! Wie? Auf die Flucht? Warum nicht! Es sei ja so, daß sie, wenn man ihnen alles erklärte, ebenso unter den Bedingungen der Illegalität leben könnten wie ein Erwachsener. Worauf das Mädchen, das dazugekommen war, nickte.

Tagsüber blieben sie in der Wohnung. Die Grobgesichtige saß im Sessel und rauchte, und wenn ihr das Essen nicht schmeckte, das wir eingekauft hatten, stieß sie mit einer wütenden Bewegung den Teller zurück. Dann schaute uns die Frau belustigt an. Nicht weil sie es wirklich lustig fand, sondern weil sie uns damit zu verstehen geben wollte, daß wir es lustig nehmen sollten; bloß keinen Streit.

Manchmal, nachmittags, klingelte es. Ich öffnete, und eine junge Frau, die ich von früher kannte, die aber so tat, als kennte sie mich nicht, stand vor der Tür, nannte ein Codewort, huschte herein und ging ins Wohnzimmer zu den anderen, während ich im Flur stehen blieb und auf die Geräusche im Treppenhaus lauschte, und nach ein paar Minuten huschte sie wieder hinaus.

Eines Abends sagte die mit der polternden Stimme zu meiner Freundin: Fahr uns in den Grunewald! Ist das vernünftig? fragte meine Freundin. Das geht dich einen Scheißdreck an, antwortete das andere Mädchen. Während die Frau den Kopf wiegte und sagte: Es ist wichtig.

Na gut, sagte meine Freundin, aber seid leise, wenn wir die Treppe runtergehen.

Sie fuhren zu einem Haus, das in einem großen parkähnlichen Garten lag, trugen meiner Freundin auf, zu warten, und gingen hinein, und als sie nach einer Stunde wieder herauskamen, waren sie so betrunken oder bekifft, daß sie im Auto sangen, und als sie, lange nach Mitternacht, die Treppe hochkamen, vorbei an dem Türspalt mit dem dahinter lauernden Auge, trampelten sie so laut, daß ich vom Schreibtisch aufsprang und hinausrannte, so daß ich gerade noch sah, wie die Frau und meine Freundin die beiden anderen die Stufen hinaufbugsierten.

Pst, sagten sie, pst, und schoben sie hoch.

Aber das wollten sie nicht. Sie wollten sich nicht die Treppe hochschieben lassen, und schon gar nicht, daß man ihnen den Mund verbot. Und so riß sich eine (ich weiß nicht mehr, welche) los, rannte wieder die Treppe hinab, streifte ihr Hemd hoch und zeigte ihre Brüste dem Auge hinter dem Türspalt.

Am nächsten Morgen kam die Frau wieder in mein Zimmer und sagte, sie müsse einen Brief schreiben, telefonieren.

Na klar, sagte ich und ging hinaus.

Und hörte, als ich die Tür schloß, wie sie ein Blatt in die Maschine spannte. Mit ihren Artikeln hatte sie den beiden, die im Wohnzimmer saßen (mißmutig, weil wieder ein langer Tag des Wartens bevorstand), die Augen für die Ungerechtigkeit der Welt geöffnet und durfte nun, da es darum ging, sie zu beseitigen, nicht zurückstehen. Plötzlich war sie an die beiden gefesselt. Es war ein beinahe demütiger Ton, den sie ihnen gegenüber anschlug; sie unterwarf sich ihnen, und sie tat es, weil sie wußte, daß sie sich zuvor diese unterworfen hatte, die jetzt wie ein Schatten an ihr klebten, darüber wachend, daß sie nicht wortbrüchig wurde.

Als sie ein paar Tage später ins Auto stiegen, das sie ins nächste Versteck brachte – dieses war zu gefährlich geworden –, schaute die Frau, die als letzte einstieg, noch einmal am Haus hoch, zur Wohnung mit der Loggia und dem Erker; es war die zweite oder dritte, in der sie untergekrochen war, und es würden, was sie nicht wußte, was niemand damals wußte, noch unzählige folgen.

Die Raucherin

Am Morgen scheint die Sonne auf die gelbe Klinkermauer, am Nachmittag aber regnet es wieder, und als ich in ein Café gehe, sehe ich im hinteren, von der Straße abgewandten Raum eine alte Frau, die allein an einem Tisch sitzt, das heißt, ich bemerke sie erst, als ich nach einer Weile vom Block aufschaue, in den ich zu schreiben begonnen habe.

Obwohl es warm hier drin ist, viel zu warm, hat sie ihren Mantel anbehalten, einen flauschigen roten Wollmantel, auf dem Kopf trägt sie einen Hut aus hellem wasserabweisenden Stoff.

Sie hat die Ellbogen aufgestützt, zwischen Zeige- und Mittelfinger der rechten Hand hält sie eine Zigarette, die sie unablässig an den Mund führt, sie nimmt einen hastigen Zug und stippt sie, bevor sich Asche bilden kann, mit einer Bewegung, als tunkte sie einen Löffel ein, in den Aschenbecher. Dann drückt sie die Zigarette aus, langt, gleichsam in Fortsetzung der Bewegung, mit der sie die Zigarette ausgedrückt hat, zur Zigarettenschachtel, nestelt eine neue Zigarette hervor und zündet sie an. Sie inhaliert den Rauch nicht, sondern zieht ihn in den Mund und stößt ihn gleich wieder aus, so daß ihr Kopf die ganze Zeit über in eine Qualmwolke gehüllt ist.

Woran erinnert mich das? Erinnert es mich überhaupt an etwas? Oder ist es allein dieses gierige und zugleich widerwillige Rauchen (so als ekelte sie sich eigentlich davor), das mich gefangennimmt? Dieses Rauchen wie nach einer schlechten Nachricht. Oder wie in einem Erinnerungssturm?

Jedenfalls rufe ich, als sie aufsteht und einen Schirm (so einen mit an beiden Enden befestigter Schnur) aus dem

Messingeimer neben der Tür nimmt, die Bedienung, zahle und gehe ihr nach.

Als ich auf die Straße trete, steht sie, ein paar Häuser weiter, vor einem Schaufenster. Jetzt regnet es nicht mehr. Das Schirmende ragt ihr wie ein Gewehrlauf über die Schulter, die Schnur schneidet ihr vor der Brust in den Mantel. Es ist, wie ich sehe, als sie sich abwendet, die Auslage eines Juweliergeschäfts, vor dem sie stehengeblieben ist. Im Fenster liegen Ringe, Ketten und Uhren, und in der linken oberen Ecke des Fensters hängt ein Schild: *Goldankauf-Bestpreise.*

Nach ungefähr hundert Metern biegt sie in eine kleine Wohnstraße ein, und als ich sehe, wie sie in ein Haus tritt, trete ich, nach kurzem Zögern, ebenfalls ein und steige die Treppe hoch. In der Mitte sind die Stufen mit braunem Linoleum ausgelegt und an den Kanten mit Messing verstärkt. Über mir höre ich den schweren Schritt der Frau im roten Mantel. Wenn sie stehenbleibt, bleibe ich stehen, und wenn sie weitergeht, gehe ich auch weiter, meine Füße im selben Takt setzend wie sie die ihren.

Und plötzlich weiß ich, warum ich ihr nachgehe. Ich bin unterwegs zu den Geschichten. Zu den? Zu der, der einen, die – da unerledigt geblieben – auf die eine oder andere Weise immer wieder erzählt werden muß: eine Gespenstergeschichte, in der die Toten zum Weiterleben verurteilt sind, mal treffe ich sie unverhofft im Theater, mal im hinteren Zimmer eines Cafés. Die junge Frau vor vielen Jahren auf der Rolltreppe – wäre sie jetzt nicht so alt wie die Frau im roten Mantel, die vor mir die Treppe hochsteigt?

Da kehre ich um, und gehe, ohne, wie ich mir beim Eintreten vorgenommen hatte, die Namen an den Briefkästen zu lesen, auf die Straße zurück.

Havel

Während ich an der Ausbuchtung zum Tegeler See an der Havel langgehe, warte ich darauf, daß es in mir zu sprechen anfängt. *Tu dies! Tu das!* Aber das einzige, was ich höre, ist das Turbinensummen des Heizwerks auf der anderen Flußseite, ein rechteckiger Klotz mit hohem Schornstein, an dessen Spitze ein Kranz roter Warnlichter blinkt; der Wald, ein Scherenschnitt vorm gerade noch hellen Himmel.

An einer Kurve biege ich, müde der schönen Häuser am Wasser, in eine kleine Straße ein, die parallel zum Uferweg verläuft, um, als ich dahin zurückwill – er ist die einzige Orientierung hier –, zu merken, daß sie von ihm weggeführt hat, und gehe in der nun immer tieferen Dunkelheit eine Robinienallee entlang, an der sich Lauben und villenartige Häuser abwechseln, der Weg ist uneben von den Wurzeln, die das Pflaster nach oben gedrückt haben; dann wieder die Havel, seebreit hier, wie helles Blei zwischen den schwarzen Rändern des Walds auf beiden Seiten; Fledermäuse, die zwischen den Bäumen herumtorkeln.

Eine Viertelstunde danach sitze ich im Bus, der mich zur U-Bahn bringt. Und wieder eine Stunde danach gehe ich durch die drei Höfe, in derem letzten die Neonschrift *Hotel* über der Tür des Quergebäudes leuchtet.

Der Tisch, sage ich zu dem Portier, der hinter dem Tresen sitzt, als ich hereinkomme.

Der Tisch?

Ich brauche einen anderen Tisch.

Was noch?

Eine andere Lampe.

So, sagt er, nicht zufrieden, wie?

Eine Viertelstunde später klopft es, und als ich öffne, steht er mit einem der Bauarbeiter vor der Tür.

Wohin mit dem Zeug?

Da vors Fenster.

Und nehme, als sie wieder gegangen sind, das blaue Notizheft aus der Tasche.

Abends

Im Haus auf der anderen Seite der Klinkermauer das alte Ehepaar, das hinter der gegen die Zugluft aufgehängten Wolldecke am Fenster sitzt. Wie es aufspringt, Nase plattdrückt, hinunterlinst, wenn unten im Hof der Mülleimerdeckel klappt. Und im Fenster daneben das junge Ehepaar im blauen Licht, das gebannt in eine Ecke starrt, die ich von meinem Fenster nicht einblicken kann. Ich stelle den Fernseher an, schalte herum, und plötzlich weiß ich, warum in langen Abständen ein Verziehen der Mundwinkel, ein Kopfschütteln oder Kopfnicken in ihrem Wohnzimmer zum Ereignis wird. Und jäh die Gewißheit, daß wir von Flensburg bis Konstanz am gleichen Saughalm hängen. Das Fenster öffnen und zurückprallen. Gelächter, Lungenauswurf, was sich durch den Hof auf die Straße wälzt.

Horror librorum

Der Mann ist ein Mythos, eine Legende, angesehen wegen seines enormen Wissens und gefürchtet wegen der Verachtung, mit der er Nichtwissen straft. Der eine sagt, es seien dreißigtausend Bücher, die er in seiner Wohnung versammelt, der andere, das reiche bei weitem nicht aus. Er kannte jeden noch so entlegenen Text und verstand es nicht nur, ihn zu deuten, sondern auch jene erhellenden Querverbindungen zu den Texten anderer Jahrhunderte zu ziehen und die verschiedensten Wissensgebiete miteinander zu verknüpfen. Nicht die kleinste zwischen den Zeilen versteckte Anspielung entging ihm, und stieß er doch auf eine Stelle, die sich ihm nicht erschloß, schaffte er neue Bücher heran und las so lange, bis sich das Dunkel lichtete.

Da ich ihm nie begegnet bin, dachte ich ihn mir als einen unscheinbaren Mann, der mit einer abgewetzten Aktentasche zwischen seiner Wohnung, dem Theater (in dem er arbeitete) und den Bibliotheken hin- und herging, die Orte der Geselligkeit meidend, nicht aus Hochmut, sondern aus Desinteresse.

Nun höre ich von einem seiner Bewunderer eine seltsame Geschichte, die dem Bewunderten widerfahren ist.

Eines Abends kam er aus dem Theater, stieg die Treppe zu seiner Wohnung hoch, schloß die Tür auf, aber etwas hinderte ihn daran, einzutreten. Es war, als sei eine zweite, unsichtbare Tür heruntergelassen worden. Oder war es schon das, was er später mit dem Wort *Wohnungsfurcht* beschrieb? Er stand eine Weile im Treppenhaus. Schließlich drehte er sich um, kehrte ins Theater zurück und übernachtete dort. Am nächsten Abend kam er wieder zu seiner Wohnung, und wieder scheiterte er an der einfachen Aufgabe, sie zu betreten, und so ging es auch am nächsten und übernächsten Tag, bis er es aufgab und sich im Theater einrichtete. Da wohnte er jetzt, sofern man das Wohnen nennen konnte. Er schlief auf einem Klappbett, das er in seinem Büro aufgestellt hatte, und am Freitagabend bezog er ein Zimmer in der Klinik, in die er sich wegen seiner Wohnungsfurcht in Behandlung begeben hatte, um am Montagmorgen ins Theater zurückzukehren. Manchmal ging er in das Haus, stieg die Treppe hoch und lauschte an der Tür, unfähig, sie zu öffnen, und als eine Wohnung über seiner frei wurde, mietete er diese.

Nun hatte er zwei Wohnungen, eine mit dreißigtausend Büchern und eine, in der sich nicht mehr befand als das Nötigste: Bett, Schrank, Tisch, aber kein einziges Buch, denn die Bücher waren es, wie er meinte, die seine Furcht ausgelöst hatten. Oder sollte man sagen: Überdruß? Ekel? War in ihrem Seitenrascheln nicht das Flüstern und Ächzen von Generationen zu hören, ihre in Druckerschwärze gegossenen Einsichten und Irrtümer? Wandten sie ihm nicht, kaum daß er eintrat, ihre Papiergesichter zu und riefen seinen lebendigen Namen, um ihn in ihre toten Angelegenheiten zu verwickeln, in ihre Liebeshändel und Streitereien, in ihre philosophischen Dispute und Haarspaltereien, um sich aber, wenn er sich darauf einließ, wieder in Papier zu verwandeln, Trockenmasse, auf die sich der Staub niederließ?

Ein paar Wochen lebte er in der anderen Wohnung, bis ihm auch dies nicht mehr möglich war. Offenbar fürchtete er sich nun nicht mehr nur davor, seine alte Wohnung zu betreten, sondern auch davor, an ihr vorbeizugehen.

Im übrigen, sagt sein Bewunderer, sei er in den Sitzungen noch immer zu den luzidesten Äußerungen fähig, um danach freilich gleich wieder in ein Dämmerschweigen zu versinken, das man jetzt von ihm kenne. Er bedauert ihn, oder besser, ihn bedauernd, bedauert er sich. Er sieht nicht ihn, sondern in ihm ein Beispiel, er verkörpert für ihn nicht weniger als das Scheitern der Aufklärung, und die Wohnung ist für ihn nicht eine Wohnung, sondern ein Wissensgrab, unerreichbar mit seinen Schätzen.

Was mich angeht, so habe ich keinen Deutungsbedarf. Nichts verstehe ich besser als die Abneigung, in eine Wohnung zurückzukehren, die man eine Weile, und sei es bloß einen Tag, nicht betreten hat. Alle paar Jahre sammelt sich darin Geschichte an, in den Schubladen liegen unbeantwortete Briefe, auf den Regalen Mitbringsel von hier und da. Nicht ich sitze auf dem Stuhl, sondern er sitzt auf mir. Ist es da nicht besser, alles zurückzulassen?

Hunger

Der Große Hungerer ist abgereist. Es war nur eine kurze Stippvisite, die er gemacht hat. Am Mittag ist er mit seiner kleinen Tasche, in der sein Trikot liegt, in ein Taxi gestiegen und zum Bahnhof gefahren. Und von dort? Nach Riga. Aha.

Zuvor aber hat ihm der Portier meine Frage vorgelegt. Er hat sie sich angehört und, schon in der Tür, folgendermaßen beantwortet: Man könne die Kunst, die man ausübt, nach seinen Fertigkeiten benennen, wie es der Jongleur, der Messerwerfer oder die Sängerin tun, ebensogut aber könne man ihr auch den Namen der Empfindung geben, die am Anfang der Kunstausübung gestanden hat, und das sei bei ihm die des unstillbaren Hungers gewesen, und wenn man nun einwende, er hungere ja gar nicht, sondern schlage sich unentwegt den Bauch voll, so sei zu bedenken, daß keine der Speisen bei ihm ansetze, sondern daß sie so durch ihn durchgingen, wie er sie in sich hineinschaufele, ohne auch nur das geringste Gefühl der Sättigung zu hinterlassen. Tatsächlich führe er nicht vor, wie er esse, sondern, trotz des unmäßigen Essens, wie er hungere.

Compris?

Der Portier hat sich damit zufriedengegeben. Deshalb will ich es auch tun.

Requiem für eine Katze

Meine Katze ist tot, die sanfte, schöne mit den Bernsteinaugen und den schwarzen Lippen, zwischen denen, wenn sie versunken saß, die Zungenspitze hervorlugte; die mit dem dichten, goldbraun geströmten Fell und dem fünfmarkstückgroßen kupferroten Fleck auf dem Rücken; die nichts weniger vertrug als geschlossene Türen; die uns nachts verließ und am Morgen vor Sonnenaufgang weckte, indem sie an der Jalousie kratzte und, wenn das nicht ausreichte, um uns aus dem Bett zu scheuchen, mit kleiner, von Mal zu Mal größerer Stimme rief, daß sie reinwolle, und schließlich, fast bitter, zu schimpfen begann, weil wir nicht aufstehen wollten, und, war die Jalousie endlich einen Spalt weit hochgezogen, sogleich ins Zimmer schlüpfte und zu erzählen begann, als müsse sie auf einen Schlag loswerden, was sie im Gestrüpp der Nacht erlebt hatte, ehe sie sich nach nebenan trollte, in ihren Korb legte, um bis zum Frühstück noch ein wenig zu ruhen; die ohne Arg war und sich zu uns setzte am Abend, auf ihren Stuhl am Kopfende des Tischs, und, während wir aßen, mit der Tatze vorsichtig an der Tischkante entlangtastete, auf der Suche nach einer Käserinde, einem Schinkenrest, die in ihrer Reichweite lägen, und, wenn sie zu lange nichts fand, sich reckte und den Kopf über die Tischkante hob, voller Gier, die ihren sanften Kopf hart machte und ihre Augen zu Schlitzen, bis sie ungeduldig wurde und ihre Tatze auf den Tisch vorschob, um zu sehen, ob nicht der Brotkrümel, der Korken, das Fetzchen Papier eine Beute seien, und die sich, wenn man scharf ihren Namen nannte, sofort hinter die Tischkante zurückzog und tat, als sei ihr Vordringen bloß ein Mißverständnis gewesen, und unter sich schaute mit schläfrigem Blick, um beim ersten Geräusch die Tatze wieder zu heben und, war zu lange nichts für sie abgefallen, die Krallen auszufahren und am Tisch zu kratzen, als ging's nur darum, die Krallen ein wenig zu schärfen; die sich, war das Essen vorbei, auf H.s oder meinen Schoß setzte und vor sich hin dämmerte, solange wir noch redeten und rauchten, und, wenn wir aufstanden und zeigten, daß die Gemeinschaft nun aufgehoben würde, ans Fenster sprang und, öffneten wir nicht gleich, den Hals nach uns drehte, schon empört über unsere Nachlässigkeit, und, stand das Fenster endlich offen, sich nach einer kleinen gebührlichen Pause, als hätte sie es durchaus nicht eilig gehabt, hinausschlängelte auf den Sims, wo sie noch eine Weile zusammengekauert verharrte und nach allen Seiten spitzte, ob da nicht eine Amsel im Laub scharrte, eine Maus zwischen den Tannen herumflitzte, die sie überraschen könnte, um endlich, nach langen umständlichen Vorbereitungen, den Sprung in den Garten zu wagen und darin mit großer Geschäftigkeit unterzutauchen; die aber, bevor sie endgültig für die Nacht verschwand, noch einmal zurückkam, als hätte sie den Abendausflug nur unternommen, um das Terrain zu erkunden, mit einem Satz aufs Fensterbrett sprang und über meinen Schreibtisch stiefelte, lässig, ohne hinzusehen, dabei aber die Pfoten so setzend, daß sie keines der Blätter, weder die Tasse noch den Aschenbecher, weder die Papierschere noch einen der zahlreichen Stifte und Notizblöcke berührte, danach auf den Boden hüpfte, schnurstracks zur Tür lief und, fand sie diese verschlossen, sofort ungeduldig wurde und rief, daß sie hinauswolle, ins andere Zimmer, in dem ihr Korb stand, in dem ihre Decke lag, von der gleichen Farbe wie ihr Fell; die, wenn H. zu Bett ging, wieder an der Tür quäkte, sich mir noch eine

Weile zugesellte, auf den Schrank sprang, sich einrollte, döste, bevor sie endgültig, sobald die Lichter gelöscht, die Fenster zum Lüften geöffnet wurden, in der Dunkelheit verschwand.

Natürlich war sie eine Räuberin, brachte Mäuse und Vögel, die sie zerbissen, auch Libellen, die sie im Flug gefangen hatte, schleppte sie an, um sie uns zu zeigen, von uns dafür belobigt zu werden, daß sie so eine hervorragende Räuberin und Mörderin sei; sprang nachts, während ihr die Beute im Maul hing, auf den Fenstersims, klopfte mit dem Kopf gegen die Scheibe oder ließ ein dunkles Gurren ertönen, das aus der Tiefe ihres weichen, unterm Fell harten Körpers aufstieg, war beleidigt, wenn wir nicht lobten, sondern schimpften, das Fenster keineswegs öffneten, sondern uns abwandten; schleppte ihre Beute auch tagsüber an, durch die offene Wintergartentür, und erschrak, wenn wir erschrocken mit dem Fuß aufstampften, schleppte sie auch ins Haus, wenn sie noch lebte, tat es mit sichtbar schlechtem Gewissen, geduckt, doch gleichzeitig stolz, uns von der Seite beäugend, ob wir nicht wenigstens einen anerkennenden Blick herüberwürfen, um sich dann wohlig auf dem Teppich zu räkeln, zu gähnen, während die Maus, die ihr aus den Fängen sprang, fiepsende Todesschreie ausstieß oder vor Angst erstarrt hocken blieb, langte, wenn das Tierchen hinter den Schrank, unter das Bücherregal davonhuschen wollte, wie beiläufig mit der Tatze hin, um es wieder auf den Weg zu bringen, der ihr, der Jägerin, Vergnügen bereitete: Es sollte sich bewegen, bevor sie es beim Genick packte und zubiß, tot war das, was so wunderbar hin- und herflitzen konnte, bloß Futter, das sie auch woanders herbekam, von uns, den Dosenverwaltern und Türöffnern, beispielsweise. Sie sah gern beim Sterben zu, aber es tat ihr leid, wenn es wirklich das Sterben gewesen war. Dann stand sie auf und ging, das Opfer mißachtend, ihrer Wege, ein anderes Mal fraß sie es mit Haut und Haar, und von einer Maus, die noch lebte, als sie sie ins Haus schleppte, war wenig später nicht mehr übrig als ein blasses Gedärmchen, ein winziges totes Gewürm, das sich auf dem Boden kringelte und das eben noch Teil eines ineinandergreifenden Organismus gewesen war, der Leben hervorbringen konnte. Sie war so, weil sie so war, mehr gibt es darüber nicht zu sagen. Meine Katze, die Schöne, war ohne Arg, ging auch zu Fremden, die ins Haus kamen und richtete sich auf deren Knien ein; wenn es nur Knie waren, auf denen sie Platz fand, trampelte sie sich darauf ein, wie sie sich auf H.s oder meinen Knien eintrampeln würde, lag dann da, einen halben Abend lang, die Vorderläufe zu beiden Seiten des Gastknies herunterhängend, immer bereit, auch den Kopf sinken zu lassen, wenn sie für ihn eine Kuhle fand, in den sie ihn hineinschmiegen konnte.

H. entdeckte sie am Morgen unterm Strauch, nahe am Drahtzaun, und trug sie ins Haus. Als ich sie sah, lag sie zusammengerollt im Korb, tat, als schliefe sie ihren harmlosen Katzenschlaf; erst als ich sie berührte, wandte sie den Kopf und stieß einen klagenden Laut aus, der ohne Vorwurf war, nur voller Verwunderung darüber, daß ihr etwas widerfahren war, was sie nicht verstand, aber vielleicht klagte sie auch das Recht ein, allein bleiben zu dürfen, für sich, bis das Unverstandene, das Schmerzen bereitete, vorüber sein würde. Wir aber mit dem gräßlichen Fürsorgeverstand, der nichts lassen kann, wie es ist, mußten sie noch im Sterben belästigen, obwohl sie sich schon darin eingerichtet hatte und bequem lag. Wir mußten sie noch im schaukelnden Korb durch die Luft tragen, ins Auto setzen, losfahren, über holprige Straßen, über weite

Kreuzungen bis zur Praxis, in der sie neben einem überfressenen Kaninchen mit roten Augen auf den Auftritt des Arztes warten mußte, der nichts anderes vermochte, als die Spritze aufzuziehen. Alles konnte für sie nur Qual sein, wir sahen es und sahen es nicht, sie hob, kaum im Auto den Kopf, suchte mit den Augen herum und klagte, und klagte, als wir sie im schwankenden Korb aus dem Auto nahmen, und klagte, als wir sie auf den Tisch im Behandlungszimmer absetzten. Rührte der Arzt sie nur an, stieß sie schon diese stille, an keinen gerichtete Klage aus, und ich, der bis dahin gedacht hatte, daß es vielleicht nur eine geringe Verletzung sei, sah, als H. sie anhob, um dem Arzt die Untersuchung zu erleichtern, die Wunde im Hinterlauf, die blutenden Stellen um den After, das zerfetzte, von Bissen oder Prankenhieben durchlöcherte Bauchfell, über das ein mattes Zittern lief. Wie ist das möglich, fragte ich, um etwas zu sagen, eine andere Katze, ein Hund? Aber das kam nicht in Frage, kein Hund hätte sie im Garten stellen, keine andere Katze so zurichten können. Also einigten wir uns darauf, daß es ein anderes Tier gewesen sei, ein Waldtier, auf das sie nicht vorbereitet war, das nachts in die Siedlung gekommen war und dem sie nicht hatte ausweichen können. Guck weg, sagte ich, als der Mann im weißen Kittel die Spritze ansetzte, nahm, nachdem die Zuckungen abgeklungen waren, den Korb, in dem die rotbraune Decke lag, und ging wie betäubt zur Tür. Jetzt sehe ich manchmal, in der Dämmerung am Fenster stehend, Marder ums Haus laufen, dünne, pfeilschnelle Striche, dann poche ich gegen die Scheibe und stoße einen schrillen Schrei aus.

Friedensplatz

Einmal in einer Stadt mit sechzehn Kirchen, einem Fluß und einem Kanal, der in einer riesigen, auf Stelzen ruhenden Wanne über den Fluß geführt wurde, wohnte ich, während Mila in der Nachbarstadt arbeitete, in einem Haus, das beinahe so aussah wie die Häuser in Tautenburg. Es war ein Fachwerkhaus. Die Wohnung im Parterre stand leer, da sie der Schimmel unbewohnbar gemacht hatte, und darüber lag meine Wohnung, anderthalb Zimmer, die so klein waren, daß ich, wenn ich rasch von einem Ende zum anderen lief, überall anstieß, weshalb ich mich, wenn das Telefon klingelte, ermahnte, langsam zu gehen. Am ganzen Körper, an den Ellbogen, den Beinen, sogar noch an der Hüfte, hatte ich blaue Flecke, die Mila, wenn sie zu Besuch kam, mißtrauisch beäugte, so wie ich, umgekehrt, mißtrauisch auf den Klang ihrer Stimme lauschte, wenn sie wieder in der anderen Stadt war und anrief.

Sie hatte eine schöne, von vielen gerühmte Stimme, die durch die Sprechausbildung, an der sie zusammen mit den Schauspielern teilgenommen hatte, noch dunkler und voller geworden war. Hatte sich etwas in ihre Stimme eingeschlichen, ein falscher Ton, der auf Verrat schließen ließ? Wie geht es dir da? fragte sie. Oder: Warum wohnst du nicht hier? Du weißt doch, ich mag das Theater nicht, sagte ich dann. Aber tatsächlich war es mein Mißtrauen gegen die Nähe, das es mir richtig erscheinen ließ, ein paar Kilometer zwischen uns zu wissen.

Als sie ihr neues Engagement antrat, war ich hinter ihr hergezogen, aber nicht in die Stadt, in der ihr Theater lag, sondern in eine andere, eine halbe Stunde davon entfernt.

Es war ihre zweite Stelle am Theater.

Früher, bei den Sitzungen, an denen ich manchmal teilnahm, saß sie mit rundem Rücken dabei und trug jedes Wort, das geäußert wurde, in eines der schwarzen, mit rotem Rücken versehenen Notizbücher ein, die in China hergestellt wurden. Sie glaubte, daß alle Stücke, die in den Spielplan aufgenommen wurden, sich am Ende in einen größeren Plan einfügen würden, den sie Gesamtdramaturgie nannte. Nein, sagte ich, Mila, du irrst dich. Aber sie hielt mit einer solchen Ernsthaftigkeit daran fest, daß ich zur Überzeugung gelangte, sie meine damit nicht nur den Spielplan (der, wie sie ja selbst sah, dauernd umgestoßen wurde), sondern noch etwas anderes, einen Lebensplan etwa, und wenn ich sagte: Das gibt es nicht, wurde sie wütend, so daß ich bald gar nichts mehr sagte.

Ihre Kollegen, die Dramaturgen, liefen mit einem kleinen Buch in der Tasche herum, dem Groddeck. Sie sagten: der Groddeck, Groddeck meint, im Groddeck steht. Kam ich in das Café, in das sie nach den Proben gingen, sah ich sie am Tisch sitzen und darin lesen, in der Hand einen Stift, mit dem sie bestimmte Stellen markierten. Sie hoben den Kopf und betrachteten mich, wie um zu prüfen, ob sich das, was sie gelesen hatten, auf das, was sie sahen, anwenden ließ. Alles bedeutete etwas: ob man die Hand in die Tasche steckte oder sich ans Ohrläppchen faßte. Und wenn sie sahen, daß ich den Riemen der Kamera umklammert hielt, lächelten sie, als sie wüßten sie etwas über mich, was ich selbst nicht wußte. Die Dinge waren nicht das, was sie waren, sondern etwas anderes, und Mila hatte sich der Umdeutungswut ihrer Kollegen angeschlossen.

Kam ich von einem Besuch in der Theaterstadt zurück, brummte mir der Schädel von all den Sätzen, die ich gehört hatte, weshalb ich beschloß, meine Besuche dort vorläufig einzustellen und in der Stadt mit den sechzehn Kirchen und dem Wasserstraßenkreuz zu bleiben.

Morgens um sieben, mittags um zwölf, nachmittags um sechs und abends um zehn läuteten vier oder fünf der sechzehn Kirchen; es begann mit dem Dom in der Unterstadt, dann folgten die Marienkirche, die Simeonskirche, und schließlich fiel, die anderen übertönend, die Martinikirche ein, auf deren Turm ich, über das Dach eines gelben Hauses hinweg, vom Schreibtisch aus sah. Rief Mila zur Zeit des Glockenläutens an, sprang ich auf und schloß die Fenster, die sonst, um den Schimmelgeruch zu vertreiben, Tag und Nacht offenstanden. Und während ich sie vom Theater erzählen hörte, schaute ich auf das gelbe Haus gegenüber, in dem ein Geschäft untergebracht war, das von zwei Frauen, Mutter und Tochter, betrieben wurde.

Neben der Tür stand in großen Buchstaben *Antiquariat,* aber das war es nicht mehr. Das Bücherverkaufen lohnte sich nicht, deshalb waren es jetzt Kunstpostkarten, Döschen und Kästchen, blauweißes Geschirr, rot und schwarz Kariertes, Tischdecken und bedruckte Taschen aus Leinen, die dort verkauft wurden – zum Leidwesen der beiden Frauen, die Bücher liebten. Morgens, gleich nachdem sie das Geschäft aufgeschlossen hatten, stellten sie eine kleine Bank vors Haus, das war das erste, was sie taten, damit leiteten sie den Arbeitstag ein, und da sah ich sie manchmal sitzen, auf dieser Bank: in der einen Hand eine Tasse, einen großen bemalten Humpen, in der anderen eine Zigarette und auf den Knien ein Buch, während ihr Blick verachtungsvoll zu ihren Kunden hinüberschweifte, die sich am Schaufenster die Nase plattdrückten.

Vom Schreibtisch aus schaute ich auf das gelbe Haus und den Kirchturm, und trat ich an ein anderes Fenster, das zu einer anderen Straße hinauszeigte (denn es war ein Eckhaus, in dem ich wohnte), sah ich ein festungsähnliches, aus grauen Steinquadern errichtetes Gebäude, das auf einer Ansichtskarte abgebildet war, die ich meinem Vater schickte. – Auf dieses Haus schaue ich vom Schlafzimmer aus. – Obwohl es eigentlich kein richtiges Schlafzimmer war, das ich dort hatte, sondern mehr eine Abseite, in der ein Bett, ein Stuhl und ein Fernseher standen.

Zwei-, dreimal am Tag geschah es, daß ich beim Klang einer Frauenstimme zusammenschrak. Es war die Stimme der Fremdenführerin, die Touristen vorm Haus versammelte. Meistens trug sie ein blaues, mit goldenen Borten besetztes Kleid, in dem sie wie ein weiblicher Kapitän aussah. Sie hob die Hand und rief: Der älteste profane Steinbau Westfalens, woraufhin die einen zu meinen Fenstern hinaufschauten, die anderen zu den Fenstern des gelben Hauses, bis sie von der Kapitänin zur Ordnung gerufen wurden und sich dem Haus zuwandten, das gemeint war.

Nach ein paar Wochen fiel mir ein alter Mann auf, der, die Griffe einer ärmlichen Tasche überm Arm, so nah an der Wand dieses Hauses stand, daß er in seinem grauen Anzug fast mit den grauen Steinen verschmolz; er hatte einen Hut auf, den er, sobald die Sonne herauskam, absetzte, so daß ich seinen mageren, schon totenkopfähnlichen Greisenkopf sah, der wie der eines Vogels hin- und herruckte. Wartete er auf jemanden? Hatte er hier, an dieser Ecke, einmal gewohnt? Dachte er, während er den Leuten nachschaute, die vorbeieilten, an die anderen, die früher, in seiner Jugend, hier vorbeigeeilt waren? Waren sie es, die er dann sah?

Lange dachte ich darüber nach. Und dann wußte ich es. Er kam, um sich an der Hauswand zu wärmen. Die Steine strahlten eine Wärme ab, die ihm wohltat. Offenbar spürte er sie durch den Stoff seines Anzugs hindurch auf der Haut. Er wärmte sich, ging dann tapsigen Schritts in Richtung Altersheim davon, und schaute ich am nächsten Tag aus dem Fenster, sah ich ihn wieder da.

Eine steile Treppe führte zu meiner Wohnung hinauf; hinter der Tür im Flur stand ein kleiner Stuhl, auf den ich, wenn ich hereinkam, die Kameratasche stellte. Ging ich wieder hinaus, hängte ich sie über die Schulter. Ich hatte, wie immer, mehrere Kameras dabei und eine große Anzahl von Filmen, die ich auf meinen Streifzügen mitnahm, und doch begann ich erst zu fotografieren, als meine Zeit in der Stadt beinahe um war.

Auf dem Wochenmarkt, nicht weit vom Haus, sah ich einen kleinen dicken Mann, der einen mit Fransen besetzten Anzug trug, hochhackige Stiefel mit Sporenschnallen und auf dem Kopf einen Cowboyhut wie die Kinder im Fasching, aber es war nicht Fasching, sondern Frühsommer, Sommer und Herbst. Mal tat er, indem er leere Kisten hin- und hertrug, als hülfe er an einem der Stände aus, mal stapfte er mit der wichtigen Miene des Treckführers, der nach den Pferden sieht, über den Platz.

Bald rief er, kaum daß er mich sah: Wie geht's? Worauf ich antwortete: Danke, und selbst? Dann führte er die Hand an den Hut und sagte: Danke, Sir, danke, sehr gut. Oder stellte sich, auf meine Tasche deutend, in Positur. Aber ich schüttelte den Kopf. Denn obwohl ich seit Jahren als Fotograf arbeitete, spürte ich noch immer eine tiefe Scheu davor, die Kamera auf Menschen zu richten. In dem Restaurant, in das ich manchmal abends Essen ging, legte ich sie auf den Tisch, wartete, bis sie von den anderen Gästen als so selbstverständlich angesehen wurde, daß sie sie nicht mehr beachteten, und drückte dann, die Kamera jedesmal um ein Winziges verschiebend, so lange auf den Auslöser, bis der Film voll war. Das war mir, da ich niemanden dabei zu fixieren brauchte, lieber als das schamlose Starren durch den Sucher, zudem haftete den so entstandenen Bildern etwas Zufälliges an, das mir gefiel. Ich lehnte es nicht ab, Menschen zu fotografieren, sondern nur, sie wie Hampelmänner vor mir Aufstellung nehmen zu lassen.

Aber morgen, sagte der kleine Mann, morgen! Vielleicht, erwiderte ich und schlängelte mich an den Ständen vorbei, und manchmal hörte ich dann, wie in der Kirche am Ende des Platzes die Orgel aufbrauste.

Auf der breiten Treppe zur Unterstadt fand ich ein Ginkgoblatt, das ich verwundert betrachtete. Wo kommt das her, dachte ich. Hat es am Ende einer aus Weimar unter den Schuhen hierhergeschleppt? Ich hob es auf und steckte es ein. Doch dann entdeckte ich im Wohnviertel hinterm Glacis ganze Ginkgoalleen, die im Herbst gelb leuchteten. Zuerst ging man unter den gelben Blättern hindurch, dann, als sie auf der Straße und dem Gehweg lagen, ging man, ohne noch an etwas Besonderes zu denken, darüber hinweg.

Nachmittags einmal, als ich zum Fluß hinunterkam, sah ich eine Bank, die aus der Verankerung gerissen war. Sie stand quer über dem Weg, und als ich herantrat, entdeckte ich eine Nachricht, die jemand mit Tintenkuli ins Holz der Rückenlehne geritzt hatte.

Hallo Leute, stand da, ihr müßt mir helfen. – Dann folgte die Mitteilung, daß der Verfasser des Briefs (denn das war es ja, ein Brief) zwei Mädchen liebe und sich für keines entscheiden könne. Das ist schrecklich, schrieb er, denn wenn ich mich für die eine entscheide, verletze ich die andere, und entscheide ich mich für diese, ist wiederum die erste verletzt. Und das will ich ja nicht. Wenn ihr einen Rat wißt, ruft mich an. Darunter standen, dick umrandet, eine Telefonnummer und ein Vorname, Jens, dahinter in Klammern sein Alter, neunzehn Jahre.

Der Brief steckte voller orthografischer Fehler, die ich, als seien sie Teil des Hilferufs, den der Junge ausgesandt hatte, beim Abschreiben übernahm. Da stand: Rad, liepe, endscheiten, und so übertrug ich es in mein Heft.

Ich notierte mir solche Fundstücke, nicht um mich darüber zu erheben, sondern weil ich dachte, daß eine Geschichte dahintersteckte, die ich mit meinem Mittel, der Fotografie, niemals erfassen könnte. Weder diese eher komisch anmutende Geschichte des Jungen noch andere, ernstere, ließen sich mit der Kamera einfangen.

Damals lebten meine Eltern noch, und es gab keinen Anlaß, die Worte auf der Bank mit ihnen in Verbindung zu bringen, und doch fielen mir, während ich weiterging, meine Eltern ein, die sich vor vielen Jahren getrennt hatten. Im April 1957 waren sie aus Plothow geflohen, um in den Westen zu gehen, nach Tautenburg, und kurz darauf hatte mein Vater meine Mutter verlassen. Dann war er zurückgekommen, und danach hatte sie ihn verlassen. Ihre Trennung hatte sich, das war das Seltsame, beinahe lautlos vollzogen. Er ging weg, dann kam er zurück, und danach ging sie weg. Ein Hin- und Hertragen von Koffern, das war im Grunde alles gewesen.

Wenn das Gespräch auf die beiden kam, sagte Mila: Sie sind es, Philipp. Ihretwegen fürchtest du dich vor mir. Vor dir? Vor der Nähe. Aber das glaubte ich nicht. Die Geschichte lag so lange zurück, daß sie keine Macht mehr über mich hatte.

Von wegen, sagte Mila. Das Entfernte ist es doch, das dir nahe ist. Mir machst du nichts vor.

Plothow, die Stadt im Osten, war eine Backsteinstadt gewesen, während Tautenburg, die Stadt im Westen, eine Schieferstadt war, eine Schiefer- und Fachwerkstadt mit krummgetretenen Gassen, beinahe so wie die Stadt am Fluß, in die ich Mila zuliebe gezogen war.

Ich hatte den Brief des Jungen mitsamt der Telefonnummer abgeschrieben. Als ich in die Wohnung zurückkam, stellte ich die Kameratasche auf den Stuhl hinter der Tür und rief ihn an, nicht, weil ich glaubte, ihm helfen zu müssen, sondern um herauszufinden, ob es diese Nummer tatsächlich gab. Nachdem es ein paarmal geläutet hatte, meldete sich eine junge Frau. Ich fragte, ob Jens da sei. Nein, erwiderte sie, er ist unterwegs, weißt du, mit Freunden.

Sie sprach in demselben plappernden Tonfall, in dem dieser Brief abgefaßt war. Und auf einmal wußte ich, warum ich an meine Eltern gedacht hatte. Während der Junge nichts dabei fand, andere mit seinen Lappalien zu behelligen, hätten sie sich lieber die Zunge abgebissen, als auch nur ein Wort von sich preiszugeben. Er gehörte schon zu den Kumpelmenschen, die sich zu den Nachmittagsshows im Fernsehen meldeten, um über ihre Liebesprobleme zu reden wie andere über das Wetter, während sie noch zu den Schweigern gehörten. Sie waren mir eingefallen, wie einem bei Wasser Feuer einfällt.

Soll ich Jens etwas ausrichten, fragte die Frau. Nein, sagte ich, das ist nicht nötig, legte den Hörer auf und rief meinen Vater an, aber noch bevor er sich meldete, drückte ich auf die Gabel. Worüber wollte ich mit ihm reden? Darüber, daß es Zeit sei, sein Schweigen zu brechen? Dann hätte ich auch mit ihr reden müssen, meiner Mutter. Das aber war nicht möglich, denn ein Vierteljahr nachdem sie mit dem Koffer die Treppe hinuntergangen war, war sie, ohne eine Adresse zu hinterlassen (und ohne sich auch nur ein einziges Mal noch zu melden), aus Tautenburg verschwunden.

Eine Weile saß ich so da, die Hand neben dem Telefon, und schaute zum Fenster hinaus, auf das gelbe Haus gegenüber, das Dach und den rotglühenden Backsteinturm, der hinter dem Dach aufragte. Die Rollos im ersten Stock, in dem sich das Warenlager befand, waren heruntergelassen, und die beiden Frauen, die Mutter voran, trugen die Bank ins Haus.

Meine Eltern lebten noch, und doch dachte ich an sie, als seien sie schon gestorben. Und plötzlich, während ich da saß, neben dem Telefon, fiel mir ein, was die Frau aus Polen erzählt hatte, die an dem Abend, an dem ich zu fotografieren begann, an meinen Tisch gekommen war.

An Allerheiligen feiern die Menschen in ihrem Land die Erinnerung an die Toten. Schon in den Tagen zuvor, in der letzten Oktoberwoche, gehen sie auf den Friedhof und bringen die Gräber ihrer Verwandten in Ordnung. Sie rechen das Laub zusammen, säubern sie von verdorrten Blumen und Unkraut, und wenn sie weitergehen und auf ein Grab stoßen, um das sich niemand mehr kümmert, bringen sie auch dieses in Ordnung. An Allerheiligen kommen sie zurück, um erst auf den Gräbern ihrer Verwandten, dann auch auf den anderen Kerzen anzuzünden. In der ganzen Stadt riecht es an diesem Tag nach Wachs; sobald es dunkel geworden ist, sieht man schon von weitem das Flackern der Lichter. An diesem Tag verwandelt sich der Friedhof in eine Lichterstadt. Alle gehen, auch wenn sie niemanden haben, der dort begraben ist, auf den Friedhof.

Sie war 1987 in die Stadt gekommen, im Januar, und im selben Jahr, als Allerheiligen heranrückte, hatte sie zwölf Kerzen gekauft und war zum Friedhof gefahren, in der Erwartung, ihn voller Menschen anzutreffen. Doch als sie dort hinkam, sah sie zu ihrer Überraschung nur die wenigen Leute, die man auch sonst dort sah, alte Frauen, die ihr Rad über den Lehmweg schoben. Darüber wunderte sie sich, aber dann dachte sie, daß es noch früh sei. Sie hatte sich gleich nach der Arbeit auf den Weg gemacht, und da es eine Arbeit war, die sie am Morgen verrichten mußte, war es noch früh, gerade halb elf.

Sie ging an den Gräbern vorbei, und wenn sie ein Grab sah, das so ungepflegt war, daß sie glaubte, es kümmere sich keiner darum, bückte sie sich, schob mit dem Fuß das Laub zurück, nahm eine Kerze aus der Tasche und zündete sie an, danach blieb sie einen Moment stehen und dachte an den Unbekannten, der dort lag. Da es aber beinahe unmöglich war, an einen Unbekannten zu denken, dachte sie bald an ihre Großeltern, deren Gräber nun, da sie nicht mehr in Polen lebte, ebenfalls auf die Pflege Fremder angewiesen waren. An ihre Großmutter dachte sie und an ihren Großvater, auf dessen Arm eine Nummer eintätowiert war, deren Bedeutung sie erst später verstanden hatte, nach seinem Tod, denn solange er lebte, hatte niemand über seine Zeit in Auschwitz und Dachau sprechen dürfen, weder seine Frau noch ihr Sohn, der Vater der jungen Frau. Zuerst dachte sie an den Unbekannten, für den sie die Kerze angezündet hatte, dann an ihre Großeltern.

Doch als sie die meisten Kerzen schon verteilt hatte, befiel sie ein Unbehagen. Durfte sie das überhaupt? Oder war das verboten? Vielleicht war es ja etwas Unerlaubtes, was sie tat, das ihr, dabei ertappt, als Anmaßung ausgelegt würde oder, schlimmer, als Beschädigung fremden Eigentums. Grabschändung gar? Sie dachte daran, daß sie sich illegal in der Stadt aufhielt (sie war mit einem Besuchervisum eingereist, das längst abgelaufen war), und erschrak.

Da kehrte sie um und sammelte die Kerzen wieder ein. Sie löschte sie, steckte sie in die Tasche und lief zum Ausgang.

In Stettin, wo sie früher gelebt hatte, war sie Lehrerin gewesen, hier aber putzte sie in einem Restaurant; morgens, bevor es öffnete, fegte sie die Räume aus und nahm die Böden feucht auf, und wenn die Klos dran waren, die Männer- und Frauenklos, zögerte sie. Schon im voraus ekelte es sie vor dem, was sie in den Klos erwartete, und wenn sie dann eintrat und die Urinspuren sah, die Scheißeschlieren in den Porzellanbecken, geschah es manchmal, daß sie sich an die Wand lehnte und zu weinen begann, aus Ekel, aber auch aus Scham.

An dem Abend, an dem sie mir die Geschichte erzählte, arbeitete sie nicht mehr als Putzfrau, sondern als Kellnerin, ein wenig war sie schon aufgestiegen. Sie stand in schwarzem Rock und weißer Bluse neben meinem Tisch, und als ich sie bat, sich zu setzen, schaute sie sich um, denn daß sie am Tisch eines Gastes Platz nahm, kam nur in Frage, wenn alle anderen Gäste gegangen waren. Da verstand ihr Chef keinen Spaß. Und auch an diesem Abend, obwohl wir allein waren, setzte sie sich erst, als sie sicher war, daß er das Lokal verlassen hatte. Sie schaute in der Küche nach, in seinem Büro, und kam dann, nun nicht mehr in der Bedienungskleidung, sondern in Hose und Pullover, zurück, ein wenig mißtrauisch, da die Kamera, mit der ich meine Zufallsaufnahmen gemacht hatte, noch auf dem Tisch lag.

Darf ich? fragte sie, zog dann den Stuhl zurück und setzte sich.

Ein anderes Mal, abends, sah ich einen Dampfer, bunt von den Lichtergirlanden, die um die Aufbauten, die Brücke und den erleuchteten Saal gelegt waren, den Fluß hinaufkommen, ein grünweißrotes Lichtknäuel, über dem, weit weg, die Bogenbrücke mit der Wanne gespannt war, in der das Wasser des Kanals stand. Er zog sich, ich wußte es, da ich die Karte studiert hatte, schnurgerade durchs Land. Mit einem Schiff, einem Kahn, wie mein Großvater ihn besessen hatte, hätte ich darauf, ohne ihn ein einziges Mal zu verlassen, bis nach Plothow fahren können, denn es war derselbe Kanal, der die Stadt in zwei Hälften teilte, in der meine Eltern gelebt hatten. Aber seltsamerweise hatte mich das damals nicht interessiert.

Die Bäume und Häuser auf der anderen Flußseite spiegelten sich im Wasser; eine Ente flog unter der Uferbefestigung auf, dann eine zweite, ihre Rufe hallten herüber, heiserer, dunkler plötzlich, als sie unter der Brücke durchkamen, und gleich darauf glitt der Dampfer vorbei; auf den Tischen brannten, ein rötliches Licht werfend, kleine Lampen; auf der Tanzfläche drehten sich zur Musik einer Combo auf silbern glitzerndem Podest zwei oder drei Paare. Ein Mann trat heraus, legte die Arme auf die Reling und schaute herüber. Und plötzlich sah ich mich selbst da stehen.

Es war Ende Oktober, die Zeit, in der ich ans Abreisen

dachte. Das Laub lag in den Straßen, und unter den amerikanischen Haselnußbäumen am Friedensplatz, auf den ich von der Küche aus sah, sammelte ein Bärtiger jeden Morgen die Früchte mit den stachligen Schalen ein.

Ich ging durch die Fischerstadt zurück, vorbei an den kleinen engstehenden Häusern, die Jalousien waren heruntergelassen, die Vorhänge geschlossen, und an einer Mauer lehnte ein Fahrrad. Vom Rathaus her hörte ich den Klingklang des Glockenspiels; die Uhr schlug, ohne daß sich die Kirchen einmischten, halb acht, und auf einmal, während ich die Treppe zur Oberstadt hochstieg, zu der Wohnung, in der schon meine gepackten Koffer standen, denn Mila hatte genug vom Theater – oder besser: von diesem – und wieder eine Stelle in Frankfurt angenommen, fiel mir der Mann an der Reling ein.

Nachdem er einen Augenblick herübergeschaut hatte, war seine Hand hochgefahren, als wollte er winken, aber tatsächlich hatte er ausgeholt und etwas auf den Fluß hinausgeschleudert, einen kleinen Gegenstand, der im Uferlicht aufblitzte, bevor er im Wasser versank. Danach hatte er sich vorgebeugt übers Geländer, den Kopf schräg, als lauschte er, sich dann umgedreht und war in den Saal zurückgegangen.

Daran dachte ich, während ich die Treppe hinaufstieg, an ihn und an den Gegenstand, der jetzt unten im Fluß lag, über den ich in ein paar Tagen zum Bahnhof fahren würde. Was war es, das er loswerden wollte? Ein Messer? Eine Uhr? Die Laternen am Friedensplatz brannten; das Licht schien durch die schon beinahe kahlen Bäume. Ich bückte mich, hob eine der stachligen Früchte auf, steckte sie in die Tasche und ging ins Haus.

Tod im März

Nachdem ich die Treppe hochgestiegen war, zog ich den Anzug aus, den ich seit Mittag anhatte, und hängte ihn an den Schrank. Dann ging ich noch einmal zum Auto, holte den Koffer herauf, und als ich ihn aufklappte, sah ich den Umschlag, in den ich vor meiner Abreise Noras Bilder gesteckt hatte und in dem nun auch die Sterbeurkunde und die Zettel lagen, die ich beim Aufräumen seines Nachtschranks gefunden hatte. Mit dem Kugelschreiber hatte sich mein Vater in seiner gestochen klaren Schrift Notizen gemacht, die oft nur aus zwei, drei Wörtern bestanden: K. anrufen. Oder: Regen den ganzen Tag.

Auch in seinem Haus – auf der Konsole im Flur, im Küchenschrank und neben dem Telefon – lagen solche Zettel. Die Beete abdecken – stand auf dem einen. Holzschutzmittel kaufen – auf einem anderen. Den Arzt nach dem Blutzuckerspiegel fragen – auf einem dritten. Er hatte in diesen Merksätzen festgehalten, was er auf keinen Fall vergessen durfte, und hinter jedem ein Ausrufezeichen gesetzt, das so endgültig aussah, als sei es mit dem Meißel ins Papier getrieben worden.

Nach seinem Tod war ich durch die Wohnung gegangen, hatte die Zettel eingesammelt und sie dann wieder an ihren Platz zurückgelegt. Plötzlich war mir die Zeichengläubigkeit seiner Frau eingefallen. Wer weiß, dachte ich, was für ein unheilvolles Zeichen Christiane im Verschwinden der Zettel sah. Obwohl ich keinen Grund hatte, Rücksicht auf sie zu nehmen, wollte ich sie nicht ängstigen.

Seit Tagen wankte sie, betäubt von den Beruhigungsmitteln, die ihr der Arzt dagelassen hatte, durch die Wohnung und sagte, daß sie erledigt sei, fertig, kaputt, auch vom Erzählen, dem Wiederholen der immer selben Geschichte, aber sobald das Telefon klingelte, stürzte sie an den Apparat, und wenn sie den Hörer abnahm, bekam sie ihre greinende Stimme. Sie meldete sich, und dann folgte jedesmal ein langes, Weinen imitierendes Jammern und unweigerlich: Womit habe ich das verdient? Wer hätte das gedacht? Ich war ja ganz allein, als der Anruf kam. Ich war ja ganz allein.

Dann verließ ich rasch das Zimmer und ging, leise pfeifend, durch den Flur. Es war, als hätte sich der Schmerz, den ich selbst empfand, vor der schamlos auftrumpfenden, in immer neuen Ausbrüchen zur Schau gestellten Trauer seiner Witwe auf einen winzigen Punkt im Kopf zurückgezogen.

Zu dem Zeichensystem, an das sie glaubte, gehörte es, daß der Tod gleichsam im Dreieck auftrat.

Am Tag vor seiner Beerdigung saß sie an dem kleinen Tisch in der Diele. Vom Garten her fiel Licht auf ihre Knie, die noch in dicken braunen Strümpfen steckten. Sie hatte die Zeitung aufgeschlagen und studierte die Todesanzeigen. Als ich herantrat, blickte sie auf und sagte: Ich hab es gewußt. Was, fragte ich. Da, sagte sie und zeigte auf den schwarzen Kasten. Das Dreieck.

Ich beugte mich über ihre Schulter und sah, daß in derselben Straße eine Frau gestorben war. Welches Dreieck, fragte ich. Das Dreieck, wiederholte sie, jetzt hat es sich geschlossen. Wie meinst du das, fragte ich und erfuhr, daß ein junger Mann, der neben dem Rathaus gewohnt hatte, mit dem Motorrad verunglückt sei. Danach war ihr Mann gestorben und nun die alte Frau. Wenn man zwischen den Häusern eine Linie zog, ergab sich ein Dreieck. Und mit dem nächsten im Dorf, der stirbt, fragte ich, wird ein neues Dreieck eröffnet. Sie zögerte einen Moment und nickte dann.

Sie glaubte daran, daß solche Dinge eine Rolle spielten. Und daneben gab es noch eine Anzahl anderer Dinge, an die sie glaubte: Zeichen, die auf etwas hinwiesen, Sätze, die man nicht ohne Strafe aussprechen durfte oder die man, wenn man sie - durch eine Unachtsamkeit - ausgesprochen hatte, durch einen Bannsatz zurücknehmen mußte. Und einer dieser Sätze, die sie - wie in einer Giftkapsel verschlossen - in sich herumtrug, mochte tatsächlich zu seinem Tod beigetragen haben.

An dem Abend, an dem er starb, war dieser Satz plötzlich, als sei die Kapsel unter der Wucht der Nachricht geplatzt, aus ihr hervorgebrochen, so daß ich ihn voller Verwunderung betrachten konnte.

An diesem Tag herrschte ein wechselhaftes Wetter. Die Sonne schien, die Wolken zogen, aufgetürmt zu Gebirgen, über den Himmel, Regen stürzte herab; kurz darauf rissen die Wolken auf, die Sonne kam wieder zum Vorschein, während sich über den Haubergen, von denen das Dorf eingeschlossen war, neue Wolken auftürmten. Am Abend war der Himmel schwefelgelb. Auch in der Farbe des Himmels sah sie ein Zeichen, ebenso wie sie in der Farbe meiner Jacke ein Zeichen gesehen hatte.

Ich war am Mittag angekommen, und als ich ins Haus trat, stieß sie einen Schrei aus, zerrte an meiner Jacke und rief: Zieh das aus! Zieh das sofort aus! Ich verstand nicht, warum, bis mir klar wurde, daß sie die Farbe der Jacke erschreckte. Sie war aus einem anthrazitfarbenen Stoff, der sich im Dämmerlicht des Flurs dunkler ausnahm, fast schwarz. Es war die Jacke, die ich oft anhatte, wenn ich verreiste, aber sie sah mich darin als einen Vorboten des Todes, wie sie zuvor schon in der Frau, die am Krankenhaus vorbeigegangen war, einen Vorboten des Todes gesehen hatte.

Sie hatte ihren Mann in der ersten Märzwoche ins Krankenhaus gebracht. Nachdem sie sich verabschiedet hatte, trat er ans Fenster und sah auf der Straße eine Frau vorbeigehen, die zusammen mit seiner ersten Frau im Krankenhaus gelegen hatte. Als Christiane ihn am nächsten Tag besuchte, erzählte er ihr davon. Wieder zu Hause, rief sie die Frau (mit der sie flüchtig bekannt war) an und erfuhr, daß sie an diesem Tag nicht aus dem Haus gegangen war.

Ist das nicht merkwürdig, sagte sie, als sie mir am Telefon davon berichtete. Was soll daran merkwürdig sein, erwiderte ich. Er hat sich getäuscht.

Doch das ließ sie nicht gelten. Auch in seinem Irrtum sah sie ein Zeichen, so wie andere in der Begegnung mit einem Schornsteinfeger oder einem Leichenwagen ein Zeichen sahen.

Und was das Krankenhaus anging, so war es, wie ich dann merkte, für sie nicht der Ort, den Kranke aufsuchten, um Heilung zu finden, sondern, da dort schon seine erste Frau gestorben war, der, an dem sich das Schicksal vollendete. Er erfüllte sie mit einer bangen Ahnung, weshalb sie ihn, ohne den wahren Grund zu nennen, bedrängte, ein anderes Krankenhaus aufzusuchen. Irgendeines, nur nicht dieses.

Das ist nicht gut, sagte sie. Das ist ein schlechtes Krankenhaus. Die hygienischen Zustände sind miserabel und die Ärzte Stümper.

Aber da alle Auskünfte, die er einholte, für das Krankenhaus sprachen, setzte sie sich nicht durch, so daß ihre

Ahnung in blanke Angst umschlug, die sich wie mit spitzen Zähnen in sie hineinfraß. Es verstand sich von selbst, daß sie darüber nicht mit ihm redete, und doch, denke ich jetzt, wird er diese Angst gespürt haben, so daß aus der relativ harmlosen Operation etwas anderes wurde: ein Schreckgespenst, ein Gebirge, das es zu überwinden galt, eine Anstrengung, die er sich nicht mehr zutraute. Am Ende wird er nicht mehr den beruhigenden Auskünften vertraut haben, sondern den anderen, den nicht ausgesprochenen, die sich in einer Geste ausdrückten, in einer Miene, im Wegschauen und Verstummen, und ihnen wird er entnommen haben, daß es schlecht um ihn bestellt sei.

Wie sonst hätte er ihre an Panik grenzende Aufgeregtheit deuten sollen, dieses Rumoren, Flüstern und Andeuten, das sie wie eine Mauer um ihn herum errichtet hatte und das, wenn er einen Schritt darauf zutat, verstummte, um, sobald er ihm den Rücken zukehrte, von neuem einzusetzen?

Zwischen dem Tag, an dem sie ihn ins Krankenhaus brachte, und dem seiner Operation verging eine Woche. Sie besuchte ihn jeden Tag und brachte ihm die Zeitung mit, die sie abonniert hatten und die jeden Morgen im Briefkasten lag. Bevor sie das Blatt in die Tasche steckte, faltete sie es auseinander und schnitt die Todesanzeigen heraus. Es ist klar, daß sie es tat, um seine Gedanken nicht in eine bestimmte Richtung zu lenken, und hat es dadurch erst recht getan.

Als sie mir später davon erzählte, stellte ich mir vor, wie er, nachdem sie wieder gegangen war, die Zeitung aufschlug und die quadratischen Löcher sah. Es mußte ihm vorgekommen sein, als starrte er durch sie hindurch in sein eigenes Grab.

Warte, sagte ich an dem Tag, an dem ich ankam. Warte, ich ziehe die Jacke aus.

Ich ging in das kleine Zimmer, in dem ich früher, als ich noch regelmäßig nach Breitenbach gekommen war, übernachtet hatte, warf den Koffer aufs Bett und nahm den Umschlag mit Noras Bildern heraus. Sobald er sich erholt hätte, würde ich sie ihm zeigen. Siehst du, würde ich sagen, sie sieht dir ähnlich.

Das war es, was ich auch zu Nora gesagt hatte, als ich ihr seine Bilder zeigte. Sie lagen ausgebreitet auf dem Tisch im Arbeitszimmer, in das wir uns, um ungestört zu sein, zurückgezogen hatten. Siehst du, die Nase, der Mund, der Haaransatz. Sie hatte sich darüber gebeugt und die Bilder, beinahe ehrfürchtig, betrachtet. Du wirst sehen, er wird dir gefallen, hatte ich gesagt, als sie sich wieder aufrichtete, und mir vorgestellt, wie er sie mit dieser Mischung aus Verlegenheit und Stolz, die ich kannte, ansehen würde, um sich dann einen Ruck zu geben und zu sagen: Du bist also Nora.

Aber es war ganz anders gekommen, denn tatsächlich weigerte er sich, sie kennenzulernen. Er sagte nicht: Ich will sie nicht sehen. Aber da er das Kennenlernen immer wieder hinausschob, lief es auf dasselbe hinaus.

Wir telefonierten jede Woche miteinander. Meistens war er es, der anrief. Doch nachdem ich ihm von Nora erzählt hatte, wurden seine Anrufe spärlicher, und wenn zuvor er es war, der gefragt hatte, wann ich ihn besuchen würde oder wann Christiane und er mich besuchen kommen sollten, so war nun ich es, der fragte. Wollt ihr nicht nach Frankfurt kommen, wenn Nora da ist, sagte ich und erhielt jedesmal eine ausweichende Antwort. Mal war es die Gartenarbeit, die ihn daran hinderte, dann Christianes Gesundheitszustand, dann wieder etwas anderes.

Nora wohnte bei ihrer Mutter in München und besuchte mich zwei-, dreimal im Jahr. Und als sie sich wieder angekündigt hatte, rief ich ihn an.

Wie immer, wenn wir miteinander telefonierten, stand Christiane daneben – ich merkte es daran, daß er ihr meine Worte wiederholte –, und nachdem er zu ihr gesagt hatte, daß ich mit Nora nach Breitenbach kommen würde, hörte ich, wie sie aufschrie: Das kommt gar nicht in Frage. Das kommt überhaupt nicht in Frage.

Willst du das auch nicht, fragte ich ihn, nachdem sie sich beruhigt hatte. Diesmal wiederholte er meine Frage nicht. Es ist mir lieber, sagte er, wenn du das läßt.

Glaubst du, es liegt daran, daß ich unehelich bin, fragte Nora, als ich ihr davon erzählte. Oder daran, daß du so spät von mir erfahren hast? Nein, erwiderte ich. Das kann ich mir nicht vorstellen. Aber was ist es dann? Ich weiß es nicht, sagte ich. Doch im stillen dachte ich, daß es Eifersucht sei, Christianes Eifersucht. Sie hatte alles, was an die erste Frau ihres Mannes erinnerte, aus dem Haus entfernt, und plötzlich, nach so vielen Jahren, tauchte dieses Mädchen auf, das nicht nur ihm ähnlich sah, sondern auch seiner ersten Frau. Bestand da nicht die Gefahr, daß sich seine Liebe ihm zuwandte, dem Mädchen? Das war die einzige Erklärung.

Er rief nicht mehr an, und wenn ich anrief und Christiane es war, die an den Apparat ging, reichte sie den Hörer sofort weiter. Ich erzählte ihm, was ich machte, und er sprach von der Gartenarbeit, dem Wetter oder dem Auto, das in der Werkstatt sei oder in die Werkstatt gebracht werden müsse. Nora erwähnte er mit keinem Wort, und er fragte auch nicht mehr, wann ich ihn besuchen würde oder, ob es mir recht sei, wenn sie mich besuchen kämen.

Auf die Briefe, die ich ihm schickte, antwortete er erst nach Monaten, und auf die Frage, warum er Nora nicht kennenlernen wolle, ging er nicht ein. Von sich aus schrieb er nur noch zu meinem Geburtstag und zu Weihnachten – und nie mehr, als auf einer Karte Platz hatte: Alles Gute, Glück und Gesundheit.

Als ich ihm vorschlug, mich einmal mit ihm allein zu treffen, ohne Christiane, antwortete er – ebenfalls erst nach Monaten – mit einem Exkurs über die Ehe: in einer Gemeinschaft, wie er sie verstünde, hätten die Partner keine Geheimnisse voreinander, weshalb er meinen Vorschlag nicht gutheißen könne.

Wenn ich in W. zu tun hatte, der Kreisstadt, zu der Breitenbach gehört, übernachtete ich im Hotel. Und wenn ich am Morgen wieder zum Bahnhof ging, beeilte ich mich. Ich ging nahe an den Hauswänden entlang, und bevor ich eine Straße überquerte, schaute ich mich um, aus Angst, gesehen zu werden. Ich wollte keinem begegnen, der mich kannte. Da ich wußte, es würde ihn schmerzen, wenn er erfuhr, ich sei in W. gewesen, ohne daß ich mich bei ihm gemeldet hatte, ging ich lieber allen aus dem Weg.

Und dann – nach mehr als fünf Jahren – begann seine Frau anzurufen.

Sie rief morgens und mittags an, und das erste, was sie sagte, war: Ich muß mich beeilen, er ist im Garten. Oder: Er ist im Keller. Das war jedesmal der erste Satz, mit dem sie mir zu verstehen gab, daß er nichts von ihrem Anruf wußte. Wenn er unerwartet eintrat, legte sie auf, um, wenn sie glaubte, daß er wieder in den Garten oder in den Keller gegangen sei, ein zweites Mal anzurufen.

Ihr erster Anruf kam im Januar, und obwohl unser Streit – sofern man das einen Streit nennen konnte – nicht beigelegt war, ging sie mit keinem Wort darauf ein, sondern begann sofort damit, daß er krank sei.

So, sagte sie, jetzt ist es passiert, und erzählte, daß sie beim Arzt gewesen seien und was der Arzt gesagt hätte. Sie faßte das Gespräch nicht zusammen, sondern wiederholte es in wörtlicher Rede: Dann hab ich gesagt, dann hat der Arzt gesagt, dann hat Vati – und sobald sie etwas sagte, das darüber hinausging, verlor sie sich in Andeutungen, so daß ich sie schließlich unterbrach und fragte: Was ist es denn nun? Krebs? Worauf sie erwiderte: Aber das sagen sie einem ja nicht, das ist es ja.

Sie rief mich hinter seinem Rücken an und schickte mir, ebenfalls, ohne ihm etwas davon zu sagen, den histologischen Befund. Das Wort, das sie so in Panik versetzte, lautete *carcinoma in situ*.

Soll ich einmal mit dem Arzt reden, fragte ich, als sie an diesem Morgen anrief. Nein, sagte sie rasch, dann, nach einem Zögern: Ja, ja, in Gottes Namen ja.

Nachdem sie aufgelegt hatte, wählte ich seine Nummer. Er war sofort am Apparat. Ihr Vater, sagte er. Warten Sie mal. Ich hörte, wie er den Hörer auf den Tisch legte. Dann meldete er sich wieder: Jetzt habe ich den Befund vor mir liegen. Er erklärte mir die Begriffe, die ich nicht verstanden hatte – meteoristisches Abdomen, Polyp, polypöses Gebilde –, und danach sagte er: Nein, nicht Krebs. Im Anfangsstadium vielleicht. Aber wenn man jetzt operiert, ist die Sache bald vergessen. Das habe ich Ihrer Frau Mutter auch schon gesagt. Stiefmutter, verbesserte ich ihn. Ja, Ihrer Frau Stiefmutter.

Nu ja, sagte sie, als ich sie danach anrief. Das hat er gesagt. Aber ob das die Wahrheit ist?

In dem kleinen Zimmer, in das ich nach meiner Ankunft getreten war, sah es noch genauso aus wie bei meinem letzten Besuch in Breitenbach. Ich legte den Umschlag mit Noras Bildern aufs Fensterbrett. (Bilder, die ihre Mutter aufgenommen hatte, in all den Jahren, in denen ich nichts von Nora gewußt hatte: Nora beim Kindergeburtstag, mit der Schultüte, im Ruderboot auf dem Starnberger See, dazu neuere, die in den letzten Jahren entstanden waren.) Dann hängte ich die Jacke auf, die Christiane in Angst versetzt hatte, zog einen Pullover hervor, streifte ihn über und trat in den Flur.

Sie lehnte in der Tür zur Küche. Ihr Rock spannte sich um ihren tonnenförmigen Leib. Als sie sich setzte, öffnete sie den Rock mit einer mechanischen Bewegung. Sie griff, ohne es zu merken, zur Seite und löste den Haken, mit dem er in der Taille verschlossen war. Obwohl sie nur wenige Jahre älter war als ich, hatte sie kurz nach ihrer Heirat begonnen, sich weiße Strähnen ins Haar zu färben; jetzt, da es grau wurde, tönte sie es dunkel. Über der Kopfhaut, da, wo es nachgewachsen war, sah ich einen hellen Schimmer.

Willst du was essen, fragte sie und setzte hinzu, daß sie selbst nichts essen könne. Ich krieg keinen Bissen runter, aber wenn du willst –

Ich schüttelte den Kopf und trat, um mich nicht ebenfalls setzen zu müssen, ans Fenster. Die Straße war schwarz vom Regen, jetzt regnete es nicht mehr, die Luft war klar, die Sonne schien, Wolkenschatten jagten über die Hausdächer. Manchmal, wenn sich etwas zwischen den Tannen bewegte, die sich hinter den Häusern den Hang hochzogen, blitzte es auf.

Sie rufen gar nicht an, sagte sie, sie rufen ja gar nicht an. Er wird noch im OP sein, erwiderte ich, nahm einen

Aschenbecher aus dem Schrank und ging in das kleine Zimmer zurück.

Auf dem Schreibtisch, an dem ich meine Schularbeiten gemacht hatte, stand ihre Nähmaschine und auf der Kommode ein Foto, das sie als junge Frau zeigte, die mit arglosen Augen in die Welt blickte; das Haar, das sie damals lang getragen hatte, war in Wellen nach außen gelegt.

Er hatte sie 1966 kennengelernt und im Jahr darauf geheiratet. Er war damals 50 gewesen, ein gutaussehender Mann, nach dem sich die Frauen umdrehten, und sie ein Mädchen von 26, das so blaß und unscheinbar war, daß ich mich gefragt hatte, wie sie ihm unter all den Frauen, die ihn anstrahlten, auffallen konnte.

Warum sie, überlegte ich und dachte, daß es für ihn, der in vielen Städten gelebt hatte, etwas Verlockendes gehabt haben mußte, eine Frau zu heiraten, die in der Stadt verwurzelt war. Ihre Familie hatte immer in dieser Stadt gelebt, und sie selbst hatte sie, von ein paar Ferienaufenthalten abgesehen, nie verlassen.

Als er mit mir über die Heirat sprach, sagte er, daß er nun nicht mehr jung sei und an die Zeit denken müsse, wenn er alt sein würde. Er sprach nicht von Liebe (was ihm auch nicht entsprochen hätte), sondern davon, daß er Angst habe vor dem Alleinsein, und nannte sie einen guten Kameraden. Sie ist ein guter Kerl, hatte er gesagt, sich über den Tisch gebeugt und mir mit der Faust gegen die Schulter gestoßen.

Er hoffte, durch sie in der Stadt Wurzeln zu schlagen. Aber es wird noch einen anderen Grund gegeben haben, den er sich niemals eingestanden hätte. Ihr Vater war kurz nach dem Krieg gestorben. Ihre Mutter hatte, nur gestützt auf eine kleine Rente, ein Haus gebaut. Ihr Bruder war Postbeamter und beim Versuch, Aufnahme in den mittleren Dienst zu finden, gescheitert, sie selbst arbeitete als Stenotypistin in einem Büro.

Wenn dieser Zweig der Familie also auch arm war, so war er doch mit den Wohlhabenden der Stadt verwandt. Ihr Onkel hatte als Generalvertreter einer Schweizer Firma die Grundlage zu einem beträchtlichen Vermögen gelegt, das von seinen Söhnen - ihren Cousins - gemehrt wurde; ein anderer Onkel fuhr im grünen Mercedes durch die Stadt, im Fond - wie eine Großfürstin - ihre Tante, eine zänkische, im Alter dann komische kleine Person. Sie dirigierte ihn - einen dicken Mann mit gutmütigem Bulldoggengesicht, dem einmal der größte Betrieb der Stadt gehört hatte - zum Einkaufen durch die Straßen. 1945 hatte er den Betrieb, um ihn dem Zugriff der Alliierten zu entziehen, seinem Bruder überschrieben, der sich während der Nazizeit weniger exponiert hatte als er. Das war ein formeller Akt gewesen, eine Notariatsgeschichte, ein Aktenvermerk, nicht mehr, doch als die Entnazifizierung abgeschlossen war und er, als unbedenklich eingestuft, seinen Besitz zurückforderte, hatte sich sein Bruder geweigert, ihn wieder herauszurücken, so daß er jetzt - als betrogener Betrüger - mit Villa über der Stadt, Büro im Werk, in dem er nichts mehr zu sagen hatte, und gleichwohl festen Bezügen eine Art Rentnerdasein führte.

Und was Christiane anging: Mit all diesen Leuten traf sie bei Familienfeiern zusammen und sah, daß es ihnen besser ging als ihr, ihrer Mutter und ihrem Bruder. Während sie selbst jeden Tag ins Büro gehen mußte und blaß blieb wie ein Engerling, trieb sich ihre Cousine - die Tochter jenes um sein Werk geprellten, aber noch immer reichen Onkels –, braungebrannt, auf dem Tennisplatz herum, unternahm weite Reisen und erzählte, wenn sie zurückkam, vom Luxusleben. Das alles mochte einen tiefen Stachel in ihrer Seele hinterlassen haben, während es auf meinen Vater, dessen Familie nie reich gewesen war, sicherlich Eindruck gemacht hatte. Er sah eine arme, aber von wohlhabender Verwandtschaft eingerahmte junge Frau und sie den höheren Angestellten eines Konzerns, der ein paar Jahre zuvor ein Zweigwerk in der Stadt errichtet hatte, das sich eben anschickte, zum größten Arbeitgeber der Region aufzusteigen.

Der Anruf, auf den sie wartete, kam am Nachmittag. Ich hörte das Klingeln des Telefons und ging in den Flur hinaus. Ist er wach? rief sie. Ist er wirklich wach? Als ich ins Wohnzimmer trat, sah ich, daß sie den Hörer mit beiden Händen umklammert hielt. Was ist, fragte ich, nachdem sie aufgelegt hatte. Er ist aus dem dem OP. Und, sagte ich. Und? Nu, erwiderte sie, sie sagen, daß soweit alles in Ordnung ist.

Wir fuhren in die Stadt, und eine halbe Stunde danach standen wir auf dem Gang vor der Intensivstation. Zuerst streifte sie sich den Kittel über und ging mit der Schwester, die sie heranwinkte, durch die graue Schwingtür, und als sie wiederkam, streifte ich mir den Kittel über.

Siehst aus wie der Oberarzt, sagte er, als ich an sein Bett trat. Er war wach, an seinen Armen hingen Schläuche, und in seinem Mundwinkel klebte ein wenig verkrustetes Blut. Ja, sagte ich, vielleicht hätte ich Arzt werden sollen. Ich blieb ein paar Minuten, und als ich wieder durch die Schwingtür ging, stürzte Christiane auf mich zu. Nu! rief sie. Nu, was denkst du?

Am Nachmittag hatte das Telefon geklingelt, und am Abend klingelte es ein zweites Mal. Es war kurz nach sieben. Wir saßen in der Küche. Sie sprang auf, und als sie zurückkam, sagte sie, daß sich niemand gemeldet habe.

Obwohl sie wie eine Besessene alle Zeichen sammelte, die mit seinem Tod in Zusammenhang standen, erwähnte sie diesen Anruf später mit keinem Wort. Entweder ist er ihr entfallen, oder sie war so in ihrem Zeichensystem gefangen, daß sie die einzige Merkwürdigkeit, die sich an diesem Abend zutrug, übersah.

Während sie behauptete, sie sei von allen möglichen Vorahnungen erfüllt gewesen, und auch Dinge als Zeichen wertete, die in keinem zeitlichen oder räumlichen Zusammenhang mit seinem Tod standen, verzog sie, als ich ihr nach dem Gespräch mit dem Arzt erzählte, daß zur selben Zeit, zu der der Anruf kam, das Flimmern der Herzkammern eingesetzt habe, keine Miene.

Es ist unbegreiflich, hatte der Arzt gesagt, als wir über den Flur gingen. Es ist uns allen unbegreiflich. Endlich eine Operation, die ohne Komplikationen verlaufen ist.

Die Polypen hätten sich, da gut abgekapselt, restlos entfernen lassen, so daß man mit einer vollständigen Heilung rechnen konnte. Doch gegen 19 Uhr sei, völlig überraschend, die Herztätigkeit auf zwanzig Schläge in der Minute abgesunken, und kurz danach habe das Flimmern beider Herzkammern eingesetzt. Der Versuch, noch einen Bypass zu legen, sei ohne Erfolg geblieben. Mit hoher Wahrscheinlichkeit müsse man wohl davon ausgehen, daß er an einem Infarkt gestorben sei.

Gut, hatte ich an diesem Abend gesagt, dann fahr ich jetzt in die Stadt. Bei diesem Wetter, hatte sie erwidert. Warum mußt du bei diesem Wetter in die Stadt fahren?

Bevor ich losging, war ich noch einmal in das kleine Zimmer getreten und hatte den Umschlag mit Noras Bildern, die noch auf dem Fensterbrett lagen, zwischen die Bücher auf dem Hängebord gesteckt, denn plötzlich (ich hatte den Mantel schon an) war mir das Gespräch eingefallen, das ich am Tag nach seiner Aufnahme ins Krankenhaus mit ihm geführt hatte.

Er hatte mich am Nachmittag angerufen und gesagt: Du hast doch sicherlich Bilder von ihr. Bring sie, wenn du mich besuchen kommst, mit. Aber, hatte er dann hinzugefügt, du weißt ja. Was, hatte ich gefragt. Christiane, sie braucht nichts davon zu wissen.

Als ich an der Küche vorbeikam (in der alles, die Wände, die Decke, die Stühle, der Fenstervorhang, der Kühlschrank, der Herd, der Lampenschirm, die Bilderrahmen, so weiß war, daß es einem nach einer Weile vor den Augen zu flirren begann), saß sie wieder, die Arme aufgestützt, am Tisch. Ich nickte ihr zu, steckte den Schlüssel ein und lief, erleichtert, endlich allein zu sein, den Berg hinunter.

Die Haltestelle lag an der breiten Straße, die sich mitten durchs Dorf zog. Als der Bus kam, stieg ich ein, setzte mich auf die Bank hinter dem Fahrer und blickte durch die Frontscheibe, über die die Blätter des Scheibenwischers ruckten. Es war noch nicht ganz dunkel, der Wind schob dicke Wolken über das Tal, und voraus, in Richtung der Stadt, war am Himmel ein schmaler gelber Streifen zu sehen.

Als der Bus an dem Werk vorbeifuhr, in dem er bis zu seiner Pensionierung gearbeitet hatte, wandte ich den Kopf und sah den Parkplatz, die Einfahrt, das Bürogebäude, die Werkshalle und den hohen Kühlturm, an dem früher *Stahl-*

werke Nordwest gestanden hatte und an dem jetzt die drei ineinandergreifenden Ringe angebracht waren.

An der Haltestelle hinter der Amtsbrücke stieg ich aus und ging, gegen den Regen, in die Stadt hinein, und nun war es wieder die dunkle Stadt, in die wir zu Beginn der sechziger Jahre gezogen waren, die ich Ende der sechziger verlassen hatte, um nur noch sporadisch zurückzukommen, für ein paar Tage im Jahr, und in die ich nach dem Zerwürfnis wegen Nora nicht mehr zurückgekommen war oder nur noch, um mich, wenn ich in Geschäften in der Stadt zu tun hatte, wie ein Dieb an den Hauswänden entlangzuschleichen.

Ich bog in die Hauptstraße ein, und plötzlich, während ich weiterging, war, wie ein alter Bekannter, der Haß da, den ich so deutlich nur hier verspürte, in dieser Stadt, die ich besser als alle anderen kannte. Es war der Haß, den ich als Kind empfunden hatte, als Jugendlicher, der hinter jedem Wort, das er hörte, den falschen Zungenschlag vernahm, das Zischeln und Hinterdemanderenherreden, das Sichaufblähen und Wichtigtun, das Imponierenwollen und Angsteinjagen.

Aber nun war auch, wie ein Bruder des anderen, der neue da, den ich noch nicht gekannt hatte, der Haß auf ihn, weil er sich als so schwach erwiesen hatte, der auf seine Frau, die ihn zu einem solchen Schwächling gemacht hatte, und der auf Nora, durch die ich von seiner Schwachheit Kenntnis erhalten hatte. Ja, auch auf sie.

Die Geschäfte waren geschlossen, aber innen brannte noch Licht. Ich ging an den Schaufenstern vorbei und begann, mit den Knöcheln gegen die Scheiben zu schlagen, erst war es nicht mehr als ein Klopfen, doch dann steigerte es sich, nahm an Heftigkeit zu, bis ich merkte, daß ich mit der Faust dagegenhämmerte, und, erschrocken, auf die

Straßenmitte wechselte, wo ich nun, nachdem es zu regnen aufgehört hatte, in der angenehm kühlen Luft des Märzabends wie erlöst dahinschritt.

Es war gegen zehn, als ich wieder den Berg hinaufstieg, und nachdem ich die Kurve erreicht hatte, sah ich, daß überall im Haus das Licht eingeschaltet war, in der Küche, im Wohnzimmer, im Fernsehraum, in der Diele, im Bad, ja, sogar über der Haustür brannte Licht. Ich stieß das Tor auf, ging durch den Vorgarten, und als ich die Tür aufschloß, sagte Christianes Bruder, der in der Diele stand, was ich schon wußte, seit ich das hell erleuchtete Haus erblickt hatte: daß er gestorben sei.

Es war keiner da, hörte ich sie im Wohnzimmer schreien, es war keiner da, als der Anruf kam, ich war ja ganz allein. Und als sie merkte, daß ich zurückgekommen war, kam sie, gestützt auf ihre Schwägerin, in die Diele gewankt, warf mir die Arme um den Hals und stieß den Satz hervor, der jahrelang wie in einem Geschwür in ihr eingeschlossen gewesen war, in diesem Augenblick brach es auf, und er kam zum Vorschein. Wenn einer kommt, muß ein anderer gehen, deshalb wollte ich nicht, daß sie ins Haus kommt, jammerte sie. Ich schob sie zurück. Was meinst du? fragte ich. Wovon redest du? Und plötzlich, als ich ihren Bruder ansah, der verlegen zur Seite schaute, wurde mir klar, daß sie Nora gemeint hatte. Wenn einer kommt, muß ein anderer gehen. Wenn ein Kind geboren wird, muß jemand in der Familie sterben.

In den letzten Tagen hatte es gestürmt und geregnet, und in der Nacht fiel in Breitenbach, das höher liegt als Frankfurt, noch einmal Schnee. Als ich am nächsten Morgen die Jalousie hochzog, sah ich, daß die Wiese vorm Fenster weiß war; am Mittag war der Schnee wieder verschwunden, und am Tag seiner Beerdigung schien die Sonne, so daß ich glaubte, ich brauchte den Mantel gar nicht, den ich mitgebracht hatte. Durchs Fenster sah es aus, als sei Sommer.

Nacht und Leute

1

Lassen Sie uns, da die meisten gegangen sind, noch ein wenig am Fenster sitzen und erzählen. Es ist spät, aber nicht zu spät, der Mond steht zwischen den Tannen am Zaun, und das heißt: eine Stunde bis Mitternacht, wie es gestern eine Dreiviertelstunde hieß und morgen eineinviertel Stunden heißen wird. Eine Weile scheint es, als dehne die Zeit sich aus, um dann um so rascher zu schrumpfen.

Es ist schön, im Dunkeln zu sitzen und der Musik zu lauschen, die aus dem Nebenraum dringt, es ist die Musik von früher. Sie erinnert mich an ein Mädchen, eine junge Frau, die manchmal mitfuhr, als es über Land ging, heimlich nachts im geliehenen Auto, an schwarzen Bäumen vorbei, bergauf-bergab, durch Wiesen und Felder, über denen ein weißes Licht lag, wie vergossene Milch. Wir fuhren zu einem Dorf, das so verrufen war, daß jeder im Landkreis es kannte. In langer Reihe standen die amerikanischen Autoschiffe am Straßenrand, über der Kreuzung schwankte die Laterne, in der eine orangefarbene Leuchtröhre glühte, vom Hang her fegte ein kalter Wind, und noch bevor wir aus dem Auto stiegen, hörten wir aus der offenen Lokaltür die Musik.

Sie saß auf dem Rücksitz und schämte sich, daß sie der Verlockung, mitzufahren, nicht widerstanden hatte, oder fürchtete sich schon zurückzukommen; um wieder ins Haus zu gelangen, mußte sie durch die Waschküche schleichen, im Dunkeln die Treppe hochsteigen, am Elternschlafzimmer vorbei, und wenn sie unachtsam war, gegen einen Stuhl stieß, erwachte vielleicht ihre Mutter, sie hatte einen leichten Schlaf. Sie würde die Tür öffnen, das Flurlicht einschalten und sofort merken, daß sie nicht so zurückkam, wie sie weggegangen war, sondern erhitzt, mit flirrenden Augen und verwischtem Mund.

Sie war noch jung, keine achtzehn. Ihr Vater, ein wichtiger Mann in der Verwaltung, fuhr in einer schwarzen Limousine, die von einem Chauffeur gelenkt wurde, durch die Stadt, und wenn ihre Mutter sie in der Nacht ertappte, wenn sie ihre Augen, ihren Mund sah, wüßte sie, daß sie gelogen hatte, als sie sagte, sie ginge bloß zu einer Freundin, um Zeitschriften zu tauschen, Platten zu hören. Sie würde die Tochter bei den Schultern packen, sie schütteln und rufen: Denk an die Stellung deines Vaters.

Sie hatte volles dunkles Haar, das im herumirrenden Licht des Tanzlokals rötlich schimmerte; wenn sie auf dem Rücksitz mitfuhr, trug sie es offen, wenn sie aber mit der Mutter durch die Stadt ging, zum Zopf geflochten und hochgesteckt, dann hatte sie auch ein Kostüm an, aus weichem Loden, das genauso geschnitten war wie das Kostüm ihrer Mutter, es stammte vom selben Schneider und wirkte ein wenig verkehrt an ihr, denn die Mädchen in ihrem Alter trugen Blue jeans und keine Kostüme, nichts, was mit Hornknöpfen und Biesen besetzt war.

Aber sie trug es mit Würde, stöckelte auf hohen Absätzen durch die Stadt, ließ die Blicke an sich abprallen, die ihr, der Tochter des wichtigen Mannes, zugeworfen wurden, und ich denke, daß sie sich Jahre später, im letzten Augenblick, als sie schon mit aufgeschlitzten Pulsadern in der Wanne lag und sah, wie das Leben aus ihr herausrann, an alles erinnert hat, an die Wege mit der Mutter, an die Blicke, die ihr zugeworfen wurden, und an die Fahrten nachts im geliehenen Auto, bergauf-bergab, an den schwarzen Bäumen vorbei, durch die Felder und Wiesen, und an die Musik natürlich, die Musik aus den glitzernden Boxen, die wir schon hörten, als wir noch im Auto saßen.

2

Im oberen Stockwerk wohnt ein Kind, ein kleines Mädchen. Wenn es in mein Zimmer kommt, blickt es sich darin um, zeigt mit dem Finger auf eine Reihe von Gegenständen und fragt: Was ist das? Sie fragt immer nach denselben Gegenständen, den Gegenständen, die sie längst kennt und von denen sie auch weiß, wie sie heißen. Sie fragt nicht, um sie kennenzulernen, sondern damit ich ihr bestätige, daß es auch wirklich die Gegenstände sind, die sie kennt. Es ist, als wollte sie sich damit ihrer Umgebung vergewissern, um darin mit größerer Selbstverständlichkeit ihren Platz einnehmen zu können. Ich antworte ihr: Das ist die Lampe, das ist die Uhr, das die Tasse. Dann nickt sie, und erst danach, wenn dieses Ritual abgeschlossen ist, spricht sie das erste Wort, beginnt sie, von ihren Erlebnissen zu berichten. Die Gegenstände spielen dann keine Rolle mehr.

Die Mutter des Mädchens war Zeichnerin, und wenn sie eine Arbeit, die gut vorangekommen war, mit einem bestimmten Stift angefangen hatte, empfand sie es als schäbig, den Stift zu wechseln. Sie meinte, er könne den Wechsel als Treuebruch, Zurückweisung, Mißachtung der bis dahin stattgefundenen Zusammenarbeit empfinden. Sie hatte ein Gefühl dafür entwickelt, daß sie auf die Dinge angewiesen war und daß sie sich, wenn sie ihnen keine Achtung entgegenbrachte, gegen sie wenden könnten. Sie versuchte diese Achtung vor den Dingen auf das Kind zu übertragen, doch da sie wußte, wie falsch es wäre, wenn sie ihm sagte, die Dinge hätten eine Seele, beschränkte sie sich darauf, die achtlos unter den Tisch getretenen Spielzeuge aufzuheben und, für das Kind gut sichtbar, mit großer Behutsamkeit an ihren Platz zurückzulegen.

Heute abend werden Sie sie vergeblich unter den Gästen gesucht haben. Sie hat nach dem Mädchen noch ein zweites und drittes Kind bekommen, ebenfalls Mädchen, und sagt, daß sie die Kinder nicht allein lassen könne. Seid nicht so laut, sagt sie, wenn ich Gäste erwarte, dreht die Musik nicht so weit auf. Sie sitzt im abgedunkelten Zimmer und wacht über den Schlaf ihrer Kinder, die alle Wunschkinder sind, geplant, und plant schon das nächste, das vierte.

Aber sie wacht nicht nur über den Schlaf, sondern auch über die Wörter. Sage ich in Anwesenheit der Kinder *Krankheit*, runzelt sie die Stirn, sage ich *Tod*, zieht sie die Luft zischend durch die Zähne und blickt mich strafend an. In meinem Badezimmer, neulich, zeigte die Älteste auf das Bidet und fragte: Was ist das? Das, sagte ihre Mutter, bevor ich antworten konnte, ist zum Füßewaschen. So wacht sie über den Schlaf und die Wörter, und nicht nur darüber, sondern auch über die Augen: Die Augen der Kinder sollen nicht alles sehen, den toten Käfer beispielsweise nicht, der auf dem Gartenweg liegt, keinesfalls die überfahrene Katze am Straßenrand, sie zerrt die Kinder daran vorbei oder dreht ihnen den Kopf in eine andere Richtung.

Seit fünf Jahren ist sie dabei, Milch zu produzieren, alles in ihrer Umgebung ist sterilisiert; sie stillt ein Kind, bis das nächste kommt, geht in heruntergetretenen Latschen und weitem, ihre Fülle verdeckendem Kittel durch die Wohnung und hebt Spielzeuge auf. Das heißt, eigentlich tut sie es nicht mehr, es ist ihr gleichgültig geworden, ob sie da liegen, ja, es ist ihr nicht nur gleichgültig, sondern recht so. Es soll keine Stelle mehr in der Wohnung geben, die nicht an die Kinder erinnert: An den Wänden hängen nicht mehr ihre Zeichnungen, sondern die der Kinder, auf dem Tisch stehen die Schnabeltassen, aus denen die Kinder trinken, im Fernseher läuft die Sendung, die sie sehen, auf dem Plattenteller liegt die Platte, die sie hören, und auf dem Fußboden im Kinderzimmer, im Flur, im Wohnzimmer, in der Küche, im Bad, im Elternschlafzimmer, in dem am Samstagnachmittag gezeugt wird – überall sind die Puppen, die Kreisel, die Rasseln, die Legosteine, die Bilderbücher verstreut, alles ist himbeerrot, windelweiß, milchgrau. Jetzt ist es die Älteste, die Fünfjährige, die manchmal die Spielzeuge aufhebt, während die Mutter kopfschüttelnd dabeisteht und lacht: Woher die das bloß hat.

3

Seit meiner Scheidung lebe ich, wie Sie wissen, allein, das heißt mit dem Hund, den ich auf Wunsch meiner Frau angeschafft habe. Sie fürchtete sich in dem großen Haus, nachts bin ich wohl mehr als einmal von ihr geweckt worden, weil sie Schritte im Garten hörte, dies waren zuletzt unsere einzigen Gespräche: nachts über Schritte im Garten.

Die Tage verliefen stumm, auch während des Essens wurde nicht geredet. Setzte ich mich an den Tisch, überprüfte ich als erstes die Anordnung des Bestecks. Noch nach Jahren mit mir hatte sie nicht gelernt, wie herum sie neben den Teller gehörten. Lag die Gabel rechts vom Messer, legte ich sie schnell nach links. Obwohl ich das Besteck einen Augenblick später ohnehin aufgehoben hätte, bereitete es mir Qualen, wenn ich es verkehrt herum liegen sah. Wurde ich von ihr, die vielleicht gerade einen Topf vom Herd nahm, dabei beobachtet, schämte ich mich, weil ich spürte, daß sie sich den Anschein zu geben suchte, als habe sie es nicht bemerkt, so, als hätte sie es mit einem Kranken zu tun.

Sobald auch sie sich gesetzt hatte, bemühte ich mich, ein Gespräch anzufangen, obwohl das nicht meine Sache ist, sondern: in ein Gespräch gezogen zu werden. Obwohl wir lange zusammenlebten, habe ich nie die Scheu verloren, sie als erster anzusprechen, weil ich mir vorstellte, daß sie vielleicht gerade an etwas dächte, das mich nichts anging und bei dem ich nicht stören durfte, während sie sich, wie mir später klar wurde, meistens nur überlegt hatte, weshalb ich so verstockt sei.

Nun ist es gleich, aber damals hat mich dieses stumme Beieinandersitzen gequält, weil ich spürte, daß etwas anderes von mir verlangt wurde: Hierunddalangreden, eine Meinung haben, während ich nur den Teller sah, über den ich den Kopf hielt, als sei aus der Suppe, die sie gekocht hatte, ein Einfall zu erwarten.

4

In den Wochen vor ihrer Abreise litt ich unter rasenden Kopfschmerzen, doch da ich wußte, daß sie jede Äußerung von Schmerz oder Unwohlsein für blanke Wehleidigkeit hielt, erwähnte ich das Leiden mit keinem Wort.

Jeden Schmerz, der mich quälte, jede Verletzung, die ich mir zuzog, selbst die offensichtlichen, bei denen Blut floß und die Narben hinterließen, nachdem sie abgeheilt waren, hat sie als nichtig abgetan, weshalb ich mich schon in der Zeit, in der wir uns noch nahestanden, bemühte, Schmerzen vor ihr zu verbergen. Zwar hatte ich keinen Grund, mich über ihre Pflege zu beklagen, wenn ich, bei einer Grippe etwa, mit Fieber im Bett lag, doch übersah ich nicht, daß jede ihrer Handreichungen von einem spöttischen Zucken um die Mundwinkel begleitet war.

Wenn *sie* krank war, lag sie, die Decke bis zum Kinn, im Bett und forderte, daß ich mich keinen Schritt von ihr entferne, es sei denn auf ihren ausdrücklichen Wunsch hin, um heiße Zitrone zu bereiten, Apfelsinen auszupressen, die Wärmflasche zu erneuern. Ich ging mit großer Ernsthaftigkeit auf ihre Wünsche ein und hoffte, sie nähme sich daran ein Beispiel. Doch kaum war sie wieder genesen, hatte sie ihre Hilfsbedürftigkeit vergessen, und wurde *ich* krank, zog wieder dieses von herablassendem Zucken begleitete Lächeln in ihre Mundwinkel, das mir zeigen sollte, wie lächerlich wehleidig sie meine Unwohlseinsäußerungen finde.

Deshalb versuchte ich, wenn nun sie wieder krank wurde, mich ebenfalls gleichgültig und spöttisch zu geben. Doch es gelang mir nie wirklich und nie länger als für einen halben Tag, da ich, kaum daß sie ein Anzeichen von Schwäche zeigte, vor Sorge um sie fast verging. Und doch hielt sie mir diese kurzen mißlungenen Versuche, ihre Lieblosigkeit gleichsam zu spiegeln, wochenlang vor; nie merkte sie, daß meine Gleichgültigkeit nur vorgetäuscht war und einzig dem Zweck gedient hatte, sie zu veranlassen, ihr eigenes Verhalten zu überprüfen, womöglich zu ändern.

5

An dem Abend, an dem ich sie zum Zug gebracht habe, ging ich in ein Lokal, das erst nach Mitternacht öffnet. Nicht mit mir, sagte der Mann, nachdem ich von meinem Unglück erzählt hatte. Wie sich andere wünschten, ihre Liebe dauere an, wünsche er sich, daß sie schnell ende. Sie hingen ja an einem wie die Kletten, zögen einen herunter oder wollten einen zum Glück überreden. Als Geringstes machten sie einem den Platz im Bett streitig, drückten ihre Bäuche an einen, schlängen einem ihre Arme um den Hals und klagten noch, wenn man beiseite rückte, zur Bettkante hin, daß man lieblos sei, bloß weil man ihre klebrige Haut nicht immer an seiner fühlen wollte, sondern Luft brauchte, Platz, seine Arme, Beine auszustrecken. Welches Glück, die Zehen bewegen zu können!

Er könne schon deshalb nicht heiraten, weil es, wenn ein Zweiter in der Küche stünde, zu eng für ihn würde. Wäre er morgens mit einer Zufallsfreundin, einer Nachtgefährtin zusammen, stieße er dauernd gegen sie, so daß er, um sie nicht zu verletzen, die Arme dicht an den Körper gelegt halte, sich ganz schmal mache, so schmal, daß er bald meine, ein Eisenreif liege um seine Schultern. Weshalb er rasch ein Fenster öffne, in der Hoffnung, das schaffe Raum, aber natürlich sei das ein Irrtum, weil das Fensteröffnen ihn nur noch um das Maß der nach innen ragenden Flügel verringere. Blieben Frauen bis zum Morgen, stünde er deshalb meistens nur in der Tür und schaue ihnen zu, wie sie unter dem Vorwand, Frühstück zu bereiten, die Küche ausfüllten. Mit mir nicht, sagte er und legte seine Hand auf den Tisch.

6

Auf dem Heimweg fand ich unter der Laterne vorm Rathaus einen Zettel und hob ihn auf. Es standen Zahlen darauf, Zahlenreihen. Fast jede Zahlenreihe ergibt, wenn man sie lange genug betrachtet, einen Sinn. Es war dunkel, Wind kam auf, es fing zu regnen an, Autos fuhren vorbei, das Wasser spritzte mir bis zu den Ellbogen, einer rief: Sollen wir dich mitnehmen, aber ich rief zurück: Nein, nein. Und das ist schon die Geschichte des Zettels, den ich in der Nacht gefunden habe.

7

Vor einiger Zeit gewöhnte ich mir an, Aufzeichnungen zu machen, die ich für mich das *Buch der Demütigungen* nannte. Keiner wußte davon, und das gab mir ein Gefühl des Triumphes, da ich schon, während mir die Demütigungen widerfuhren, daran dachte, wie ich sie zu Haus in meinem Buch festhalten würde. Ein Buch war es freilich nicht, in das ich schrieb, sondern es waren die freigebliebenen Rückseiten von Drucksachen, Einladungen, Werbeschreiben, die mir ins Haus geschickt wurden.

Auch darüber ließe sich nachdenken, welche Demütigung darin liegt, von einem Computer Post zu erhalten, in der es heißt: Probieren Sie unsere Scheckkarte aus, Sie können damit in London, Paris, New York bezahlen – während man nicht weiß, von welchem Geld der nötig gewordene Umzug bestritten werden kann. Und dennoch: Es fuhren jetzt immer mehr Leute in Städte wie Karatschi oder Singapur, kamen zurück und waren abgemagert, weil sie drei Wochen Durchfall gehabt oder aus Furcht vor

Durchfall kein Essen angerührt hatten, erzählten von Wunderheilern und daß sie nun nichts mehr äßen, und aßen tatsächlich nichts mehr, mäkelten an allem herum, hatten einen Leidenszug mitgebracht, der ihnen gut stand und meinen Neid erregte, etwas Wahres, Asketisches war in sie gefahren, das ich mir erst noch zu erobern hätte.

8

Dabei fällt mir die Ungarin ein, die ich im Nachtzug nach Wien traf. Sie wohnte in Lesotho, wo sie Eingeborene im Cellospiel unterrichtete, und schaute, während sie uns – einem schwarzgekleideten älteren Herrn, der die ganze Fahrt über seinen Hut aufbehielt, und mir – von ihrem Leben in Afrika erzählte, ständig auf die Uhr, weil sie fürchtete, den Anschlußzug nach Budapest zu verpassen.

Leider, hörte ich sie sagen, während ich angestrengt aus dem Fenster starrte, um einen Blick auf die in der Dunkelheit vorbeifliegende Landschaft zu erhaschen, leider seien die Schwarzen für klassische Musik nicht begabt. Aber man könne von ihnen lernen, wie man außerhalb der Zeit lebe. Sie strahlten eine große Ruhe aus, und wenn man sich länger unter ihnen aufhalte, breite sich die gleiche Ruhe in einem selbst aus, man bekomme ein Gefühl für die Ewigkeit. So könne sie tagelang auf der Anhöhe vor ihrem Haus sitzen und beobachten, wie sich die Ebene im wechselnden Licht verändere, ohne daß die geringste Bewegung wahrzunehmen sei, nur der Wind streiche hin und wieder durch die Gräser, kaum spürbar, aber in seiner Sanftheit eindringlicher als die Stürme Europas. Man sinke in sich zurück wie in einen Schlaf, und die Wirklichkeit der Zeitungen, die ohnehin mit Wochen Verspätung einträfen, besäße keine Beweiskraft mehr.

Wenn sich zwei Eingeborene begegnen, sagte die Ungarin weiter, fingen sie schon zu erzählen an, wenn sie den anderen am Ende des Wegs auftauchen sähen, was in der Ebene bedeuten könne, daß sie noch kilometerweit voneinander entfernt seien. Sie erzählten sich, wo sie herkämen und wo sie hingingen, warum sie gerade diesen Weg nähmen und keinen anderen, wen sie unterwegs getroffen hätten, was der Zweck ihres Fußmarschs sei, wie viele Rinder und Schafe sie besäßen und wie viele Kinder zu Haus auf sie warteten. Wenn sie dann aber auf gleicher Höhe seien, blieben sie nicht etwa stehen und schüttelten sich die Hand, sondern gingen, einander erzählend, weiter und entfernten sich, ohne mit Erzählen aufzuhören, wieder voneinander, jeder in seine Richtung.

In Moskau, hörte ich den schwarzgekleideten älteren Herrn mit dem Hut sagen, als ich auf den Gang hinaustrat, wüschen sich die Zimmermädchen mit der Seife der Gäste, und nicht nur sich, sondern auch ihre Wäsche, ihre gesamte Kleidung, er habe es an den Wollflusen bemerkt, die nach seiner Rückkehr ins Hotel an der Seife hafteten; sie stammten von der gleichen Wolle, aus der der Pullover des Mädchens gestrickt war, das in seinem Zimmer aufräumte. Deshalb sei es ratsam, nicht nur mit einem, sondern mit mehreren Stücken Seife nach Moskau zu fahren.

9

Ich gehe jeden Abend von zu Haus los, zwischen elf und zwölf zieht es mich auf die Straße, und wenn ich am Feuerwehrhaus vorbeikomme, beobachte ich oft, daß im ersten Stock noch Licht brennt, manchmal höre ich auch Gesang, lautes Singen aus Männerkehlen, und weiß dann, daß die Feuerwehrleute an ihrem langen Tisch sitzen und feiern. Ich trete ein Stück zurück und sehe gerahmte Fotografien von Feuerwehrautos an den Wänden hängen, daneben glänzende Plaketten, Auszeichnungen offenbar, die die Feuerwehrleute bei Feuerwehrwettkämpfen errungen haben. Steckte man das Feuerwehrhaus jetzt an seinen vier Ecken in Brand, hätten sie es nicht weit, aber ob sie es rechtzeitig bemerkten?

Ich gehe weiter und atme den Fliedergeruch ein, nachts riecht man ihn besonders; alle Sinne, die nicht Gesichtssinn heißen, scheinen nachts zu neuem, stärkerem Leben erwacht. Der Flieder riecht wie in der Kindheit, die Züge, die so weit vom Haus entfernt vorbeifahren, daß ich sie tagsüber nicht höre, rumpeln gleich durch den Vorgarten, der Bittergeschmack des Biers bleibt lange auf der Zunge, am Gaumen, im Rachen haften. Nur der Schmerzsinn ist wie abgeschaltet. Stechen Sie mir ein Messer durch den Handrücken, ich werde nicht mit der Wimper zucken. Aber am Morgen, nach dem Aufwachen, reicht schon das Zeitungsfoto von einem Unfall weit weg, damit ich die Lenksäule spüre, die sich in meinen Brustkorb bohrt. Erst der Tag, der Lichttag, an dem sich alle Sinne gleichmäßig anstrengen müssen, pendelt mich wieder ein auf eine Mitte, die unempfindlich macht, und mit Anwachsen der Helligkeit deckt der Gesichtssinn alle anderen zu; ich sehe - höre, rieche, schmecke, taste aber nichts mehr. Doch wenn die Nacht kommt, wenn er unbrauchbar wird, melden sie sich zurück. Hier bin ich, sagen sie, einer nach dem anderen.

10

Während ich weitergehe, höre ich hinter mir Schritte, drehe mich um und erkenne den Wachmann A. Er reicht mir die Hand und beginnt, noch während er meine Hand hält, zu erzählen. Vor der Börse, sagt er, sei ein Wagen mit Gasflaschen, den eine Baufirma dort abgestellt habe, angezündet worden. Er war zwölf Jahre bei der Freiwilligen Feuerwehr, trat am gleichen Tag aus, an dem ihm klar wurde, daß sie im Kriegsfall zu Hilfsdiensten eingesetzt würde (was mit seiner Überzeugung unvereinbar wäre), und weiß, was das heißt: die ganze Börse hätte in die Luft fliegen können. Er kichert, während er davon erzählt, wie er immer kichert, wenn er von Katastrophen oder Beinahekatastrophen berichtet.

Er ist noch jung, keine dreißig. Seine Augen liegen unter buschigen, über der Nasenwurzel zusammengewachsenen Brauen tief im Kopf, die Lippen sind ein wenig vorgestülpt, das Kinn flieht nach hinten, ehe es sich noch einmal vorreckt und in einen dünnen Hals ausläuft; seine Ohrläppchen, sehe ich, als wir unter einer Laterne durchgehen, sind festgewachsen. Früher trug er weite Stoffhosen, die sein Vater abgelegt hatte; jetzt trägt er Hosen aus schwarzem Leder und einen dünnen, ebenfalls schwarzen Lederschlips, der ihm lang über das weiße Hemd fällt.

Die Geschäftsleute haben Angst, raunt er mir mit Verschwörermiene ins Ohr, und da ich nichts erwidere, setzt er hinzu, daß sie, seine Kollegen und er, vorm Kaufhof Wache hielten, um die Scheiben zu schützen. Die Scheiben! ruft er empört. Und nun hätte sich doch – so pervers sei das – eine Frau an ihn gewandt, ein altes Mütterchen, sagt er, und sich bedankt, daß sie dort Wache hielten, während sie doch tatsächlich bloß da stünden, um die Scheiben zu schützen, die Scheiben und die Waren hinter den Scheiben, im Auftrag der Versicherung.

Erst der brennende Wagen mit den Gasflaschen, dann die Scheiben, sagt er, um nach einer kleinen Pause mit kaum verhohlener Genugtuung hinzuzufügen: Wie es geschrieben steht. Denn er ist Zeuge Jehovas, und das eine wie das andere scheint ihm ein sicheres Zeichen zu sein, daß wir dem Weltuntergang ein Stück näher gekommen sind. Sagt es, tippt mit der Hand gegen die Mütze und eilt mit großen Schritten den Weg zurück.

11

Wenige Meter weiter tritt F. zwischen den Bäumen hervor. Es sieht aus, als habe er auf mich gewartet. Da er unglücklich ist, zieht er andere Unglückliche an. Man kennt das, sie riechen den Einzelgänger und drängen ihm ihre Geschichte auf, bei ihm glauben sie, ihre Geschichte abladen zu dürfen. Da er zu weichherzig ist, um sich Leuten zu verschließen, die ihm ihr Vertrauen schenken, hört er ihnen zu und beginnt sie zu hassen, sobald er merkt, daß sie ihm vertrauen, weil sie ihn für ihresgleichen halten, für so schwach wie sie selbst, während sein Wunsch doch dahin geht, so zu sein wie die Starken.

Da er es nicht schafft, ihnen ins Gesicht zu sagen, daß er sie für Idioten ansieht, hält er sich dadurch schadlos, daß er sich ihre Geschichten notiert, und so entsteht mit der Zeit ein Spektrum des banalen Unglücks, das sich, wie er zugeben muß, vom eigenen nicht sehr unterscheidet. Natürlich leidet jeder an irgendeinem Unglück, der lallende Säufer, der sich ihm gegenübersetzt, nicht anders als er, und wie groß der jeweilige Verlust ist, der das Unglück ausmacht, läßt sich durch Schiedsspruch nicht festlegen. Nicht einmal richtig leiden kann er, wenn er die Leidenskrüppel sieht. Er meint, er habe einen Leidensgrund, der sich nicht wegdiskutieren läßt, und sie setzen ihm ihr *Die Alte läßt mich nicht in die Wohnung* dagegen.

Diesen Satz mußte er sich anhören, nachdem er in der Kneipe, die er nach Beendigung seiner Arbeit aufsucht, der Unglücksgeschichte eines anderen zwei Stunden gelauscht und dann leise gesagt hatte, er sei vernichtet, da er ein 400-Seiten-Manuskript, die Arbeit von sechs Jahren, verloren und keine Kopie, nicht einmal Notizen mehr davon habe.

Solche Geschichten erzählt er dann mir. Dieses Buch, setzte er hinzu, habe ausnahmsweise nicht das Unglück zum Gegenstand gehabt, sondern das Glück, doch nun sehe man, was daraus werde. Während er versuchte, sich an die glücklichste Geschichte zu erinnern, wankte er, offensichtlich betrunken, neben mir her. Diese Geschichte muß ich dir erzählen, sagte er, doch sie fiel ihm nicht ein, sowenig wie ihm die zweit- und drittglücklichste Geschichte einfielen, es fiel ihm überhaupt keine der glücklichen Geschichten mehr ein. Wir gingen durch alle Straßen und gelangten schließlich auf die Wiese hinaus, die nach den letzten Häusern beginnt, und als wir in der Mitte stehenblieben, legte er den Kopf in den Nacken, blickte zu den Sternen hinauf und begann, wie ein Bär zu brummen.

Aber in dieser Nacht geht er nur bis zur Kreuzung mit und biegt dann in die Straße ein, in der das Trauerhaus liegt.

12

Vor Tagen sah ich in dieser Straße eine Reihe von Autos vor einem Haus stehen und erinnerte mich, daß am Vormittag ein vierzehnjähriger Junge beerdigt worden war, der an einem Gehirntumor gestorben war. Ich wußte nicht, wo der Junge gewohnt hatte, aber weil die Autos dunkel und feierlich aussahen, glaubte ich, daß er in diesem Haus, vor dem die Autos standen, gewohnt haben müsse.

Ein Mann, den ich nur von hinten sah, beugte sich in ein Auto und versperrte mit der offnen Tür und seinen über den Bürgersteig hängenden Beinen einer Spaziergängerin den Weg. Als er endlich, mit einem Mantel überm Arm, wieder hervorkroch und sie bemerkte, entschuldigte er sich bei ihr mit lauten Scherzworten, auf die sie ebenso scherzhaft antwortete, und sofort wurde ich unsicher, ob er wirklich zu den Trauergästen gehörte. Aber dann dachte ich, daß es sich bei ihm vielleicht nur um einen entfernten Verwandten handelte, dem der Tod des Jungen nicht so naheging. Trotzdem tadelte ich ihn insgeheim. Was, wenn die Eltern des Jungen hörten, wie er auf der Straße Späße machte? Andererseits war das Haus zu weit entfernt, als daß sie ihn hätten hören können. Und vielleicht, vielleicht hatte er den ganzen Tag schon in der bedrückenden Atmosphäre des Unglückshauses zugebracht und brauchte diesen Augenblick des Ausruhens von der Trauer. Als er durch das Gartentor trat und auf das Haus zuging, sah ich, daß er wieder ein ernstes Gesicht aufsetzte, das heißt, ich sah es natürlich nicht, weil er mir den Rücken zukehrte. Aber ich dachte es mir so.

Und einmal, an einem anderen Tag, einem Tag im Januar, an dem der Boden gefroren war, beobachtete ich einen Jungen, dessen Vater eben beerdigt worden war, und überlegte, ob er sich vorstellen konnte, daß der Tote da unten jetzt für eine Weile sein Aussehen behielt, so, als läge er nicht in der Erde, sondern in einem Kühlfach. Ob er sich vorstellen konnte, daß er in der Erde lag, aber aussah, als läge er auf seinem Bett.

13

Als ich zurückkomme, sehe ich den Jungen im Garten stehen, den Jungen, der raucht.

Oft entdecke ich ihn erst, wenn ich die Haustür schon aufgeschlossen habe und mich vorm Eintreten noch einmal umdrehe, und erschrecke dann, weil mir klar wird, daß er die ganze Zeit dort gestanden hat und mir mit den Augen gefolgt ist. Auch wenn ich ihm zunicke, fährt er (ohne den Gruß zu erwidern) mit Starren fort, um erst, wenn ich die Hand hebe und ihm zulächle, wie erwachend, zusammenzufahren und den Blick abzuwenden. Dann dreht er den Kopf zur Seite und führt mit großer Konzentration, als sei dies ein wichtiges Geschäft, die Zigarette an den Mund, saugt den Rauch ein und geht, den Rauch durch die Nase ausstoßend, ein paar Schritte weiter.

So kann ich ihn, ohne mich selbst als aufdringlich zu empfinden, betrachten, und sehe einen Jungen, oder besser einen jungen Mann, dem ich, kennte ich ihn besser, nicht nur von diesen Begegnungen her, den Rat gäbe, sich zu bewegen; sein rostrotes Polohemd beult sich in den Hüften, die Wampe hängt über dem Hosengürtel. Zu früh, denke ich, wenn ich ihn sehe, zu früh, ich schätze ihn auf höchstens Mitte Zwanzig.

Seit er, nach Jahren der Abwesenheit, wieder bei seinen Eltern eingezogen ist, sieht man ihn an Stellen im Garten stehen, an denen vorher nie jemand stand. Es sind nutzlose Stellen, möchte man sagen, die mit keiner vernünftigen Tätigkeit in Zusammenhang zu bringen sind, und vielleicht ist es das, was einen erschrecken läßt. Und daß er zur Unzeit dort steht, morgens, in der Nachmittagsstunde, nachts, und unabhängig vom Wetter, bei Regen mit Anorak und Schirm, bei Kälte und Schneefall im Mantel, mit über die Ohren gezogener Pudelmütze; auch während es regnet oder schneit, steht er im Garten und raucht. Er tut nichts außer zu rauchen, zu starren und – lächelt man ihm zu, grüßt man ihn – ein paar Schritte zur Seite zu gehen.

Da wir, die Nachbarn und ich, auf Erklärungen versessen sind, dachten wir, daß es ihm verboten sei, im Haus zu rauchen, bis wir abends im erleuchteten Zimmer seine Mutter sitzen und ebenfalls rauchen sahen, und dies nicht etwa wie jemand, der zur Geselligkeit eine mitpafft, sondern selbstverständlich, wie eine geübte Raucherin; sie schob den Qualm durch die Nase und zündete sich, kaum hatte sie eine Zigarette ausgedrückt, schon eine neue an.

Und was das Starren angeht, das Starren ihres Sohns, so sind wir nicht mehr sicher, ob wir es sind, die er anstarrt, oder ob es nicht bloß unsere Bewegungen sind, denen seine Augen, ohne uns tatsächlich zu sehen, folgen. Oder ob er nicht durch uns hindurch einen anderen zu sehen meint, den er vor seiner Rückkehr gekannt hat. Deshalb ist es nur eine Frage der Zeit, bis unsere Gespräche um diesen anderen zu kreisen beginnen, der noch nicht aufgetreten ist.

14

Auf der Westseite des Hauses steht eine Tanne, die älter und größer ist als die Tannen am Zaun. Manchmal, wenn ich unverhofft vom Tisch aufblicke, sehe ich zwei Eichhörnchen, die sich darin balgen, und gleich darauf höre ich das wütende Schreien der Eichelhäher, deren Nestern sie zu nahe gekommen sind. Nicht von meinem Zimmer, aber von einem Zimmer im ersten Stock aus sieht man, daß verdorrte Äste im Baum hängen, rotbraun und zottig wie das Fell eines Orang-Utans. Als es mir zum ersten Mal auffiel, erinnerte ich mich an einen Regisseur, der im Sommer zu Besuch war.

Wir saßen im Garten, und plötzlich, sich umblickend, sagte er, daß er Tannen hasse, weil sie im Film immer mit einem Blaustisch erschienen, Tannen machten ihn ganz krank. Wohl weil er nicht wußte, ob mich seine Bemerkung kränkte, lachte er gleich darauf los, und ich, unsicher, was ich davon halten sollte, auch, um nicht unhöflich oder verletzt zu erscheinen, lachte mit.

Käme er in ein paar Jahren wieder, dachte ich, während ich vom ersten Stock aus in den Garten sah, würde er, da das Rotbraune und Zottige zunahm, mehr Gefallen an den Bäumen finden. Übrigens, erinnere ich mich jetzt, lachte er ständig, wenn auch mit unterschiedlicher Heftigkeit, und sog dabei weißes Pulver, das er aus einem Döschen in ein gefaltetes Papier schüttete, in die Nase, wobei er erst das eine, dann das andere Nasenloch zuhielt. Die Katze, die zusammengerollt auf der Verandatreppe lag, hob erschreckt den Kopf und stahl sich, als das Lachen nicht enden wollte, davon.

Wenn er nicht schnupfte und lachen mußte, liebte er es, sich als einen vom Unglück Verfolgten darzustellen. Er tat es so, wie andere sich als fleißig oder begehrenswert darstellen. In seinem Portemonnaie bewahrte er einen alten Lottoschein, auf dem zwei richtige Zahlen angekreuzt waren und vier, die genau neben den ausgespielten Zahlen lagen. Die beiden Richtigen hatte er rot, die vier Falschen blau eingekreist. Manchmal zog er den Schein hervor und zeigte darauf. Ich habe meine Chance gehabt, sagte er dann, und will mich nicht beklagen, aber ungerecht ist es doch.

15

In den Wochen vor Ihrem Besuch ging ich in ständig wechselnder Verkleidung umher und fühlte mich doch in keiner wohl; nichts wollte zueinander passen, die Farbe der Hose nicht zu der des Hemds, die des Pullovers nicht zur Jacke, die der Jacke nicht zum Mantel, und harmonisierten die Farben miteinander, vertrugen die Stoffe sich nicht. Immer sträubte sich etwas gegen die Ordnung, die ich erdacht hatte und in der ich mich sehen wollte.

Ich konnte nicht in die Innenstadt fahren, ohne neue Kleidungsstücke zu kaufen, die mir, wie ich meinte, zur Erlangung der Ordnung fehlten. Hielt man mir beispielsweise eine Hose hin, stellte ich mir vor, wie ich darin zusammen mit der – da zu keiner anderen Hose passenden – nutzlos im Schrank hängenden Jacke aussähe. Aber kaum hatte ich die Hose bezahlt und in der Tüte auf die Straße getragen, begann ich schon zu zweifeln, ob ich sie je anziehen würde, denn selbst wenn sie zur Jacke paßte, änderte es doch nichts daran, daß es ein nutzloser Kauf war, der einzig dem Zweck gedient hatte, mich einem Bild anzupassen, das mich, da es ein von anderen übernommenes Bild war, beim zweiten Hinsehen schon abstieß.

Dennoch strebte ich weiter nach Übereinkunft, und der Wunsch danach ließ mich nicht nur die Kleidungsgewohnheiten anderer nachahmen, sondern auch ihre Sprechweise, ihre Art, sich in einen Sessel zu setzen, einen Vorhang zurückzuschieben, beim Knüpfen der Schuhbänder den Fuß auf ein niedriges Schränkchen zu stellen. Das geschah nicht aus Berechnung oder um jemandem zu gefallen, sondern aus dem Bedürfnis heraus, mich mit anderen im Einklang zu befinden, wie es mir vordem eins war, sie vor den Kopf zu stoßen. Es hatte ja auch jene Zeit der Schroffheit gegeben, die jetzt zurückliegt, der Schroffheit gegen jeden, die leicht mit Unbestechlichkeit verwechselt wurde.

Aber nun? Sah ich jemanden auf Krücken gehen, begann ich unwillkürlich zu humpeln. Begegnete ich einem Bettler, nahm mein Gesicht ein verhärmtes Aussehen an; die Nase wurde schmal, die Augen verengten sich wie unter der Härte eines unverschuldeten Elends, und die Schultern sackten herab, als würden sie von unsichtbaren Gewichten zu Boden gezogen. Kam mir dagegen ein freundlich Dreinblickender entgegen, der kein Elend zu kennen schien, ging ich leicht oder, vielmehr, die Empfindung des Leichten vorspielend.

Es tat mir gut, an ihm vorbeizugehen und von ihm als Gleicher erkannt zu werden, bis ich an einer windgeschützten Stelle, unter dem Vordach eines Kaufhauses, unter der Markise einer Buchhandlung, neben dem erst vor kurzem mit städtischem Pomp eingeweihten Brunnen wieder einen Unglücklichen entdeckte, einen Beinamputierten, der, wie ein lebender Torso auf ein Holzwägelchen gepflanzt, Wundpflaster verkaufte, oder eine in Lumpen gehüllte Alte, die sich zwischen ihren Tüten auf einer regennassen Bank einrichtete.

Dann schämte ich mich der Leichtigkeit, die ich vorgespielt hatte, und nahm wieder ein bedrücktes Aussehen an, das sich, geriet ich nur wenige Schritte weiter in den Kreis farbig gekleideter junger Leute, die gerade, vom guten Essen und Trinken erhitzt, lachend aus einem teuren Innenstadtlokal traten, gleich wieder in ein fröhliches, unbeschwertes verkehrte. Ebenso verwandelte ich mich, sah ich an der nächsten Ecke jemanden, der schwarz gekleidet war und dem der Schmerz um den Verlust eines geliebten Menschen ins Gesicht geschrieben stand, übergangslos in einen Trauernden, der sein Mitgefühl nicht weniger verdient zu haben schien als er das meine.

Dabei war es nicht so, daß sich nur mein Mienenspiel veränderte, sondern es war mein ganzes Empfinden, das sich schlagartig umstellte und mich die gegenläufigsten Gefühle, Heiterkeit und Trauer, Bedrückung und Leichtigkeit, Glück und Unglück in rascher Abfolge durchleben ließ.

16

Habe ich Ihnen von meinem Freund, dem Künstler W., erzählt? Der Ernst, mit dem ich ihn seine Arbeit ausführen sah, schüchterte mich ein, weshalb ich mir, um seine Achtung nicht zu verlieren, nicht anders zu helfen wußte, als ihn glauben zu machen, daß ich über die gleiche Ernsthaftigkeit verfügte wie er. Wenn er mittags anrief und mir mit knappen Sätzen Bescheid gab, daß er seit sieben Uhr über seinen Entwürfen brüte, sagte ich, obwohl ich eben erst aus dem Bett gekrochen war: Ja, natürlich, nicht anders als ich. Manchmal, wenn er sich beklagte, daß ich ihn lange nicht besucht hätte, ging ich in sein Atelier, wanderte, die Hände auf dem Rücken, an den Leinwänden vorbei, hörte mir seine Erklärungen an und nickte.

Ich weiß nicht, warum ich das tat, denn alles an ihm langweilte mich: seine Kunst, die aus der unendlichen Wiederholung von Quadraten bestand, die er auf hauswandgroße Leinwände malte, nicht anders als die Gespräche, die wir führten und in denen es, wenn nicht um die Quadrate, um die Zurücksetzung ging, die ihm widerfuhr: mal war er zu einer Ausstellung, in der (wie er sich erboste) alle stadtbekannten Luschen vertreten waren, nicht eingeladen worden, mal war ein Bild, das er gemalt hatte, in einer Kunstzeitschrift zu klein wiedergegeben worden (Briefmarke! schnaubte er), dann wieder hatte der Kritiker, der erst kürzlich bei ihm im Atelier war, versäumt, ihn auf einer Vernissage zu grüßen. Sooft wir uns in einem Lokal trafen, sprach er von dieser Zurücksetzung, Mißachtung. Kaum hatten wir uns gesetzt, etwas zu trinken bestellt, schon ging es los, so daß ich mir, um ihn zu trösten, die schlimmsten Kränkungen ausdachte, die mir widerfahren wären.

Ja, sagte er dann und nickte, und daran, wie er nickte, merkte ich, daß er begonnen hatte mich für ernsthaft zu halten, für jemanden, der ihm glich, weil er mißachtet, in seinem Wert nicht erkannt wurde. Lange vor Mitternacht begann er auf die Uhr zu sehen, nach dem Kellner zu winken. Gehst du auch? fragte er. Meistens schüttelte ich den Kopf, zog Block und Stift hervor, legte beides auf den Tisch, und er nickte: Richtig, du mußt ja noch arbeiten! Ich arbeite nachts, hatte ich ihm gesagt, um ihm zu erklären, warum ich morgens manchmal lange schlief.

Er zahlte, nickte mir düster zu, stand auf, und während er durch die Tür ging, beugte ich mich über den Block, um mich, kaum daß er hinausgegangen war, wieder aufzurichten und wie ein Idiot vor mich hinzustieren, das Gerede hatte mich ganz leer gemacht. Ich saß in der Ecke und stierte vor mich hin, was er, wenn er noch einmal zurückkam, etwa, weil er seinen Schirm vergessen hatte, anscheinend für Nachdenken hielt, das nicht gestört werden durfte. Er nahm den Schirm aus dem Ständer, hob schüchtern die Hand und drückte sich wieder zur Tür hinaus, während ich erschrocken, daß er die Täuschung bemerkt haben könnte, ohne eine Miene zu verziehen, mit steifem Nacken am Tisch saß.

17

Der Wachmann A., eines Nachts fragte er, ob er mich begleiten dürfe, nein, nicht auf meinem Spaziergang, sondern in die Wohnung. Da es kalt war, Ende November, dachte ich, er wolle sich aufwärmen, und lud ihn zum Grog ein.

Als ich mit den Gläsern aus der Küche kam, sah ich, wie er an den Regalen entlangging; er hielt den Kopf schräg, las die Titel auf den Buchrücken und nickte jedesmal, als habe er eben diesen Titel erwartet. Nachdem er sich gesetzt hatte (in denselben Sessel, in dem Sie jetzt sitzen), atmete er tief durch und sagte: Eine Menge Bücher hast du ja, aber es ist keine einzige Bibel dabei. Das stimmt nicht, erwiderte ich, während ich mich ebenfalls setzte, ich habe nicht nur eine, sondern vier, dazu eine Mormonenbibel, und zeigte auf das Regal mit den Nachschlagewerken und Lexika.

Er kniff die Augen zusammen und blickte zum Regal

hinüber, in dem, in der zweiten Reihe von oben, die Bibeln standen, neben dem Lexikon der Symbole und dem *Einstein für Anfänger*, einem Comicbuch, das ich gekauft hatte, weil ich hoffte, mit seiner Hilfe die Relativitätstheorie zu verstehen, vergeblich. Ach da, sagte er, als er sie schließlich entdeckte, da oben, wo keiner hinguckt. Aber er glaubte mir noch immer nicht. Ich sah, wie er blinzelte, am liebsten wäre er aufgestanden und hätte in ihnen geblättert, um sich davon zu überzeugen, daß es sich wirklich um Bibeln handelte und *Bibel* nicht nur auf dem Einband stand, aber das wagte er doch nicht.

Er trank mit kleinen Schlucken (wobei sein Adamsapfel nach oben und unten ruckte), stellte das Glas vorsichtig ab und sagte nach einer Weile, während der nur das Glucksen in den Heizungsrohren zu hören war: Ja. Und dieses Ja leitete einen Vortrag über die Welt ein, in dem er jedes Thema berührte, das uns (also auch Ihnen, nehme ich an) auf den Nägeln brennt, vom Ozonloch bis zur Genmanipulation, vom Zerfall der Machtblöcke bis zum Tod der Regenwälder, alles streifte er, und streifte es nicht nur, sondern wußte bestens Bescheid, er hatte alles gelesen, jeden Bericht, der in jeder noch so abgelegenen Zeitschrift erschienen war, und wenn ich einwandte: Aber der hat gesagt, konterte er damit, daß ihn jener viel wichtigere Fachmann längst widerlegt habe.

Es war ihm nicht beizukommen, hinter allem aber blitzte das Weltende auf, das Harmagedon, das bei so vielen Turbulenzen, soviel moralischer Verkommenheit unmittelbar bevorstünde, alle Zeichen – Dürre in Afrika, Überschwemmungen in Asien, die Seuche Aids –, alles deutete darauf hin, die vielen kleineren Zeichen, die mir entgangen waren, da ich nicht gewohnt war, sie zu beachten, nicht eingerechnet.

Natürlich, sagte er, es kommt so sicher wie das Amen in der Kirche. Es bereitete ihm Freude, das zu sagen. Wenn er vom Harmagedon anfing, trat ein Strahlen in seine Augen, das Weltende beflügelte ihn, es flößte ihm kein Grauen ein, sondern erfüllte ihn mit Genugtuung. Während er es mir ausmalte, konnte er seinen Triumph nur schwer unterdrücken, nur ein Rest Mitleid mit mir, der ich nicht gerettet würde, hielt ihn davon ab, in offenen Jubel auszubrechen, ein Rest Mitleid oder die Höflichkeit mir, seinem Gastgeber, gegenüber, aber immer wieder sah ich, wie er, um nicht laut aufzulachen, die Hand rasch über den Mund legen mußte.

Nachdem er sich, kichernd, verabschiedet hatte, trat ich ans Fenster und sah ihm nach. Anscheinend versuchte er, nicht auf die Rillen im Plattenweg zu treten, er ging stokkend, den Blick nach unten, machte ein paar winzige Schritte und dann einen großen.

18

Abends, nach Einbruch der Dunkelheit, durch die Straßen gehen und in einer Gegend, die man nur vom Auto aus kennt, in ein Lokal treten, sich an den einzigen freien Tisch setzen, ein Bier bestellen. Rote und grüne Papierschlangen sind um die Lampenschirme gewunden, kurz nach Silvester beginnt die Einstimmung auf den Fasching; an der schmiedeeisernen Garderobe die grünen Gore-Tex-Jacken mit gelbem Futter, dazwischen eine braune Lederjacke mit speckigem Kragen, ein schwarzer Wollmantel, ein Schirm mit gebogenem Bambusgriff.

Über der Theke hängen die Gläser, die Öffnung nach unten, die Biertulpen, Weingläser, Cognacschwenker, Likörschälchen, der Größe nach aufgereiht, der Wirt zieht das benötigte Glas aus dem in das Brett gefrästen Schlitz und stellt es auf die blitzende Edelstahlplatte. Wie sinnvoll alles angeordnet ist, denkt man noch, während man sich umsieht, da wird eine Platte gedrückt, der *Schneewalzer*, lange nicht gehört und plötzlich ist die versöhnliche Stimmung wie weggeblasen: alles wie früher.

Was ist über ein Land zu sagen, in dem dieses Lied, das sich bei der dritten Wiederholung von *Schnee* beult wie ein ausgelatschter Schuh, jahrelang in den Dorfgasthäusern und Eckkneipen der Städte mitgejohlt wurde, außer daß einen vor der Harmlosigkeit seiner Bewohner das Grausen packt? Was über den Mann an der Theke, der auf seinem Barhocker hin- und herschwankt, während er mit den Armen in der Luft herumfuchtelt, als dirigierte er Chor und Orchester? Was über das Gelächter, den Beifall von den Tischen, wenn er herunterzukippen droht? Was über das silberne Kettchen, das ihm am Handgelenk schlackert? Und was über den Haß, der sich meldet wie ein alter Bekannter, während ich das Kettchen sehe, die schlabbrige Musik höre, den Haß, den ich sofort zu besänftigen suche, indem ich mir einrede, daß eher Mitleid, Verständnis, Trauer angezeigt seien?

Vielleicht, denke ich, überdeckt diese brüllende Dummheit ja ein tiefsitzendes Unglück. Seine Frau könnte ihn verlassen, sein Kind sich von ihm abgewandt haben, oder er fürchtet, die Firma, bei der er arbeitet, könne ihm den blauen Brief ins Haus schicken, wie vorher schon den Kollegen. Vielleicht braucht er das Kettchen, das Gegröle, muß er sich so aufführen, um nicht vor Schmerz, vor Angst zu zerbersten, und schämt sich morgen, legt das Kettchen ab, wird nie wieder diese Platte drücken.

Daß alles nur äußerlich sei, will ich mir einreden. Aber

noch während ich nach Gründen für ihn suche, ruft eine andere Stimme: Und was, wenn es nicht nur äußerlich wäre, sondern nach außen gewendetes Innen? Wenn es gar keinen Schmerz gibt, der mit Kettchen, schmieriger Musik und Gefuchtel der Arme überdeckt werden muß, sondern ihm alles genau entspricht?

19

Vier am Tisch, und jeder kaut auf eine andere Art, aber alle kauen, und kauen nicht nur, sondern rauchen auch, und kauen und rauchen nicht nur, sondern gähnen noch, daß man ihnen bis tief in den Schlund gucken kann, wo das Zäpfchen flattert. Obwohl sie nichts tun als gähnen, rauchen, kauen, flattert ihnen das Zäpfchen im Schlund.

20

Es wird schlechter, ich weiß, bald werden die Bilder nur noch im Kopf sein. Wenn ich gezwungen bin zu verreisen, nehme ich den Zug, dränge mich auf den Fensterplatz und fixiere im Vorbeifahren den jeweils entferntesten Punkt in der Landschaft, um die Augenmuskeln, die die Kontraktion der Pupillen bewirken, zu trainieren. Bald werde ich die Numerierung der gegenüberliegenden Sitze anstarren, erst mit dem einen, dann mit dem andren Auge, um zu bestimmen, welches in den zurückliegenden Wochen mehr an Sehkraft eingebüßt hat. Ich werde es tun und dabei wissen, daß es in der Landschaft, die am Fenster vorbeifliegt, viele entfernte Punkte gibt, die ich vor Monaten noch erkennen konnte und die nun in einem grauen, undurchdringlichen Nebel versunken sind.

Oft habe ich überlegt, worauf ich, vor die Wahl gestellt, am ehesten verzichten würde, auf das Sehen, das Hören oder das Sprechen. Immer war es das Sprechen, das ich am leichtesten drangegeben hätte, fast schien es mir eine heitere Vorstellung, der Mühe des Sprechens enthoben zu sein; dann wäre das Hören gekommen; nie aber hätte ich auf die Melodie der Bilder verzichten wollen, das Blindsein ließ sich durch keinen Vorteil versüßen, höchstens das vorgebliche Blindsein, da es rücksichtsloses Beobachten erlaubte, das wirkliche war nur eine Tragödie. Der Tastsinn erschien mir von allen der unwichtigste, noch dem Geruchssinn untergeordnet. Aber das besagt nichts, ich habe platte Fingerkuppen, die schlecht durchblutet sind, mit dicker Haut und Querlinien. Das Tasten war mir immer unangenehm, wenn es nicht mit einer bildlichen Vorstellung des Ertasteten einherging. Immer blühte während der Fingerliebe im Park, beim Wühlen im verfilzten Haar, wenn zwei Finger in der Wärme, in der Feuchtigkeit beschäftigt waren, im Hinterkopf die Angst, das Tier, das ich geweckt hatte, könnte mit Zähnen bewaffnet sein und zubeißen. Dagegen half nur, es zu betrachten und mit der Zunge sanft zu stimmen.

21

In der letzten Nacht träumte ich, ich ginge über eine Straße, die eigentlich gar keine war, sondern ein Sandweg. Wenn ich genau hinsah, stimmte auch das nicht. Die Straße war ein Feld, das lange nicht bestellt worden war. Dauernd stolperte ich über Maulwurfshügel, schlug lang hin, rappelte mich wieder auf, ging weiter und merkte, daß aus den Fenstern der Häuser links und rechts des Wegs, der keiner war, Leute schauten. Um es bequem zu haben, stützten sie sich mit den Armen auf weiche Kissen; es sah aus, als lägen sie so schon lange im Fenster. Ihre Gesichter waren stumpf wie die Gesichter von gelernten Zuschauern. Am Ende des Stolperwegs stießen die Häuserreihen, wie es in perspektivisch stimmigen Bildern zu sein pflegt, aneinander; die Leute öffneten die Münder, mächtige Gebisse kamen zum Vorschein, und fraßen sich gegenseitig die Gesichter weg. Sie taten das nicht aus Not, etwa weil Mangel an Lebensmitteln geherrscht hätte und sie nur auf diese Weise ihren Hunger stillen konnten, auch nicht aus Haß, weil sie im Gegenüber, das ihnen glich wie ihr Spiegelbild, den Feind erkannten, sondern aus einem Reflex heraus, der sie im Augenblick der Berührung mit dem anderen den Mund öffnen ließ, um, zwischen den Zähnen und auf der Zunge, jene Befriedigung zu spüren, die sie in jahrelanger Zuschauertätigkeit hatten entbehren müssen. Während ihr Wangenfleisch unter den Bissen ihres Gegenübers abnahm, spürten sie die Schärfe ihrer Zähne, die Leistungsfähigkeit ihrer Kaumuskeln. Nach kurzer Zeit grinsten sich zwei entblößte Gebisse an. So, von jeder Fleischlichkeit befreit, sah es aus, als sei das Ende der Gesichter der Anfang einer allgemeinen Heiterkeit.

22

Der Mond ist hinter den Tannen verschwunden, nur die Musik ist noch da, die Musik aus dem Nebenraum, sie ist auf unendliche Wiederholung eingestellt und wird ewig weiterlaufen, wenn ich sie nicht abschalte.

Ich liebe diese Musik, aber es ist nicht die reine Liebe, nicht die Liebe des Musikliebhabers, ich benutze sie lediglich zum Verstärken von Stimmungen. Wenn ich traurig bin, kann ich nur traurige Musik hören. Bin ich aber heiter, brauche ich sie nicht. Insofern muß ich zugeben, daß ich nur traurige Musik höre, doch dabei geschieht etwas Merkwürdiges: Je länger ich sie höre, um so heiterer werde ich, und je heiterer ich werde, um so weniger brauche ich sie. Sie sehen, mein Verhältnis zur Musik ist einfach und schwierig zugleich. Es ist ein Trostverhältnis, ich benutze sie und vergesse sie dann, bis ich wieder Trost brauche. Aber welches richtige Verhältnis ist schon frei von Eigennutz?

Damals, als wir über Land fuhren, bergauf-bergab, immer in der Angst vor einer Streife, die uns anhalten könnte, denn keiner von uns hatte einen Führerschein und das Auto war ohne die Einwilligung seines Besitzers geliehen, gab es Zehnplattenspieler; man steckte zehn Platten, die von einer mondsichelförmigen Metallscheibe in der Schwebe gehalten wurden, auf einen Stab, eine nach der anderen fiel mit einem rasselnden Geräusch auf den Teller, bevor sich der Arm mit dem Saphir darüber senkte und man die Stimme von Joey Dee, Chubby Chekker, den Everly Brothers hörte.

Auch das Mädchen, das manchmal mitfuhr, wenn es über Land ging, besaß einen Zehnplattenspieler. Er stand auf dem Schränkchen neben ihrem Bett, für jede Platte rechneten wir drei Minuten, das machte dreißig insgesamt. Dann mußt du gehen, flüsterte sie, die Waschküchentür ist offen, aber mach keinen Krach, meine Mutter hat einen leichten Schlaf. Wir hatten das Fenster geschlossen, unsere Kleider ineinandergedreht und vor den Türspalt gelegt, damit kein Geräusch auf den Flur hinausdrang.

23

Bevor Sie aufbrechen, will ich Ihnen von den Besuchen meines Freundes G. erzählen. Ich höre davon immer erst, wenn er schon wieder abgereist ist, denn seine Besuche sind anders. Er fährt viel zwischen den Städten hin und her, um den Menschen nahe zu sein, die ihm lieb sind. Aber es genügt ihm, ihr Haus zu sehen und die Wege zu gehen, die sie gegangen sind. Er hält sich einen Tag, einen Abend lang im selben Ort auf, atmet die gleiche Luft wie sie, kauft in denselben Läden ein und reist wieder ab. So hält er es auch mit seinen Besuchen bei mir. Erst hinterher (aber ich bin nicht sicher, ob immer) höre ich, daß er dagewesen ist. Er war es, weiß ich dann, der nachts am Zaun gestanden und hereingeschaut hat. Tage später bekomme ich eine Karte, auf der steht: Du siehst müde aus, oder: Das Buch, in dem du geblättert hast, lohnt die Zeit nicht. Unwillkürlich trete ich ans Fenster. Aber er ist schon weiter, in einer anderen Stadt.